いちばんシンプルな英語の答え方

Thomas & Anders Frederiksen

IBCパブリッシング

カバーデザイン：斉藤 啓
翻訳協力： 藤田 優里子
ナレーター： Thomas Frederiksen, Natalie Grant

Thomas and Anders': 123 Easy Everyday English
Copyright © 2013 by Thomas & Anders L. Frederiksen
All rights reserved
Original Korean edition published by Jinmyoung Publishers Inc.
Japanese translation rights arranged with Jinmyoung Publishers Inc.
through Eric Yang Agency, Inc. Seoul.
Japanese translation rights © 2015 IBC Publishing, Inc.

はじめに

　英語には、"Good things come in small packages."という表現があります。文字通りに訳せば、良いことは小さな包みでやってくる、ということですが、転じて「価値ある（高価なもの）は、得てして包み（見た目）は小さい」ということにも通じる表現です。

　長くて複雑な英語表現を使う人が、英語が達者な人といえるでしょうか？ 難しい単語ばかり並べてみても、本当に言いたいことが、相手に伝わっていなければ、意味がないと思いませんか？　それより、短くてもその状況にぴったりあった表現を、自由に、すぐ答えられる方がずっとコミュニケーションはうまくいくはずなのです。たった1語で、あなたの思っていることを、相手に伝えられたら、どんなに楽でしょう。

　本書ではたった1語か2語、あるいは最も長くても3語からなる表現を集めました。どれも英語圏では頻繁に使われる言葉です。たった3語で?と不安に思われる読者の方もいらっしゃるかもしれません。でもご心配は要りません。その表現を使った会話を用意しました。これを読めば（音を聞けば）どんな状況で、どのように使えばいいのかが、自然に分かるようになっています。たった3語でも、いろいろな状況に対応でき、さまざまな感情を表すことができるのです。

　本書で紹介されている表現をマスターすれば、驚くほど柔軟に、日常生活に活用することができます。また、短い表現で相手に思いを伝えるには、「言い方」も大切です。心配しているなら心配そうに、怒っているのなら怒りが伝わるように、少し大げさでもいいので、練習してみることをおすすめします。

　それでは、たった3語で、あなたもネイティブスピーカーのような、会話を楽しんでください!

Contents
もくじ

ONE Word
1 語の表現 15

- 01 *Alright* いいよ、大丈夫 16
- 02 *Anytime* どういたしまして 17
- 03 *Apparently* おそらく（そう思う） 18
- 04 *Congratulations* おめでとう 19
- 05 *Exactly / Absolutely* そのとおりです 20
- 06 *Finally* ついに 21
  - *Useful Expressions* 形容詞と副詞を用いた一語の答え 22
- 07 *Freeze / Stop* 動くな / 止まれ 24
- 08 *Okay* わかった、大丈夫 25
- 09 *Really?* 本当に？ 26
- 10 *(That's / You're) Right* （その言葉は / あなたは）正しい 27
- 11 *Sorry / Forgive me / I apologize*
  申し訳ありません / 許してください / 謝罪します 28
- 12 *Thanks* ありがとう 30
- 13 *Whatever* どうでもいい 31
  - *Useful Expressions* 疑問詞 32

  Vocabulary 34

Contents

TWO Words ····· 37
2語の表現

01	***A few*** 少し、わずかの ·································	38
02	***After you*** お先にどうぞ ·······························	39
03	***All set*** 準備完了、用意ができている ················	40
04	***Allow me*** 私にさせてください ························	41
05	***Anything else?*** 他に何か？ ····························	42
06	***At last*** やっと、ついに ·································	43
	Useful Expressions Be, Stay & Keep ·········	44
07	***Be careful*** 気をつけて、注意して / 慎重に ········	46
08	***Beats me*** 知るもんか、さあね ··························	47
09	***(God) Bless you*** 幸運を祈る、お大事に ············	48
10	***Calm down*** 落ち着いて、まあまあ ····················	49
11	***(I) Can't wait*** 待ちきれない、こうしてはいられない ·········	50
12	***Cheer up*** 元気を出して ·································	51
13	***Come here*** こっちへ来て ·······························	52
14	***Come on*** いいかげんにしろ、よせ、まさかうそでしょ ·········	53
15	***Don't bother*** 構わないで、お構いなく ················	54
16	***Don't cry/move/run/shout*** 泣かない / 動かない / 走らない / 叫ばない ············	55
17	***Don't worry / No worries*** 心配しないで、気にしないで ·········	56
18	***Excuse me*** すみません / えっ?! / もう一度言ってみろ ·········	57
19	***Forget it / Forget (all) about it*** まさか、もういいよ / まあいいや ························	58

TWO Words

20 **Get real** 現実に目をむける、まじめに考える ……………… 59
21 **Go ahead** さぁどうぞ、どうぞ〜しなさい ……………………… 60
22 **Go on** そのまま続けて、もっと行け …………………………… 61
　　Useful Expressions Please の活用 …………………… 62
23 **Good job** よくやった、上出来！、いい仕事 ……………… 63
24 **Good luck** 幸運を(祈って)、がんばってね ……………… 64
25 **(That's a) Good point** いいこと言うね、いいポイントだ ……… 65
　　Useful Expressions How + 形容詞 …………………… 66
26 **Guess what?** 聞いてよ、何だと思う？ …………………… 69
27 **Hands off** 手を出さない、触れない …………………………… 70
28 **Happy anniversary** 記念日おめでとう …………………… 71
29 **Heads up** 気をつけて、危ない！、注意して ……………… 72
30 **Hold it** ちょっと待って / じっとして、動くな ……………… 73
　　Useful Expressions How + 副詞 ……………………… 74
31 **Hold on** ちょっと待って / 物を確実に預かる / しっかりつかむ …… 77
32 **How come?** どうして？ なぜ？ ……………………………… 78
33 **How's business / life / everything?**
　　仕事はどう？ / 調子はどう？ / 元気にやってる？ ……… 79
34 **I agree / disagree**
　　その通り、そう思います / 同意できない、反対です ……… 80
35 **I promise** 約束して …………………………………………… 81
　　Useful Expressions I'm + 形容詞 …………………… 82
36 **I'm joking/kidding** 冗談だよ / ほんの冗談です ……… 84
37 **It hurts** (体または心が) 痛い、つらい ……………………… 85

Contents

TWO Words

- 38 **Keep dreaming**
  夢を見続ける / まだ夢を見ているのか、そんなこと起こるわけないよ … 86
- 39 **Kind of / Sort of** 少し、ある程度 …………………………… 87
- 40 **Let go** 離して、手放す …………………………… 88
- 41 **Let's go** (さぁ) 行こう …………………………… 89
- 42 **Looking good** よさそう / よし / よさげ …………………………… 90
- 43 **Me too** 私も …………………………… 91

  Useful Expressions ご馳走する、御礼を言う …………………… 92

- 44 **Never mind** 気にしない、心配しない …………………………… 95
- 45 **Nice try** 惜しい …………………………… 96
- 46 **No kidding** 冗談じゃない / 本当かい？ / 全くその通り ………… 97
- 47 **No problem** 大したことない、大丈夫、問題ありません ……… 98
- 48 **No sweat** どってことない / お安いご用だ、平気だよ ………… 99
- 49 **No use / It's no use**
  役に立たない、用をなさない / 仕方がない …………………… 100
- 50 **No way / Not a chance**
  絶対に嫌だ、冗談だろ、まさか / あり得ない ………………… 101
- 51 **No wonder** 当然だよ、驚くに値しない、無理もない …………… 102
- 52 **Not bad** やるじゃないか / (まんざら) 悪くない ……………… 103
- 53 **Not likely / It's unlikely**
  とんでもない、そんなはずはない ……………………………… 104
- 54 **Not me** 私じゃない / 私は違うけど ……………………………… 105

  Useful Expressions インフォーマルなメッセージ・スラング … 106

- 55 **Not really** あんまり / 別に / それほどでもない ……………… 107
- 56 **Of course** もちろん、言うまでもなく ……………………… 108

TWO Words

57 **Oh well** そうか〜 / まあともかく / まあいいけど …… 109

58 **Oh yeah?** ああ、そうですか？ / そうかなぁ？ …… 110

59 **Once more** もう一度 …… 111

60 **Pretty bad** かなり悪い、あまりにもひどく …… 112

61 **Right away / Right now** すぐに、今すぐに …… 113

62 **Say when** ちょうどいい時に言ってください …… 114

63 **See you / See you later / See you around**
（では）またね、じゃあね …… 115

64 **Since when?** いつから？ …… 116

65 **Shut up** 黙れ、うるさい …… 117

66 **Slow down** ゆっくり / 落ち着けよ、分かったから …… 118

67 **Something's wrong** 何かが悪い、何か問題だ …… 119

68 **So what?** だから何？ それがどうした？ …… 120

69 **Sounds great/terrible**
それはいいな、よかった / （それは）ひどい …… 121

Useful Expressions 人を拒否する、追い払うときに使う表現 … 122

70 **Stop whining/sulking/complaining**
泣き言はやめて / すねないで / 文句を言うのをやめて …… 124

71 **Suit yourself** 好きなようにしなさい、勝手にしなさい …… 125

72 **Take care** じゃあね / 元気でね / 気を付けてね …… 126

73 **That's all** それだけです、終わりです、以上です …… 127

74 **That's enough** もういいよ / たくさんだ、もう結構 / やめなさい … 128

75 **That's crazy/insane/nuts**
それはおかしい / ばかげている / くだらない …… 129

76 **That's it** そうそう / 図星です / それで終わりだ …… 130

77 **That sucks/stinks** それはひどい / それは最低 …… 131

Contents

TWO Words

78 **Time's up** 時間切れです、終わりです ……………………………… 132

79 **Too bad** お気の毒な、残念な、それはまずい ……………………… 133

80 **Tough luck** それはお気の毒 / おあいにくさま ………………… 134

81 **Trust me** 大丈夫、信じて ………………………………………… 135

82 **Try again** さらに試みる、もう一度やる ………………………… 136

83 **Watch out / Look out** 気をつけて / 用心する ………………… 137

84 **Well done** よくやった、さすがだ ……………………………… 138

85 **We'll see** (それは) どうかな、(様子を) みよう ………………… 139

Useful Expressions 文脈によって理解すべき表現 ……………… 140

86 **(Now) We're even** (これで) おあいこだ、貸し借りはない ……… 141

87 **What else?** 他にも？他に何か？ ………………………………… 142

88 **What's that?** 何と言ったの / もう一度言って / それは何？ …… 143

89 **What's wrong?** どうかした？ / 何が問題なの？ ………………… 144

90 **What's up?** 元気だった？ / 何かあった？ ……………………… 145

91 **Who cares?** 誰も気にしないさ？ どうでもいいじゃない？ ……… 146

92 **Why not?** なぜ (しないの)？ / いいじゃないか / そうしよう …… 147

93 **You bet** 確かに / まさにその通り ………………………………… 148

94 **You chicken** 弱虫め / 怖がりめ ………………………………… 149

95 **You idiot/fool/dummy** 大バカ者 / ばかやろう / とんま ……… 150

96 **(It's) Your choice** あなた次第、自分で決めて ………………… 151

97 **You're exaggerating** 大げさ (オーバー) だ ……………………… 152

Useful Expressions 電話での会話 ……………………………… 153

Vocabulary ……………………………………………………… 154

THREE Words 161
3 語の表現

- 01 ***By the way*** ところで、ちなみに …………………………… 162
- 02 ***Check it out*** よら見て！よく見なさい、試してみて …………… 163
- 03 ***Count me in/out*** (私も)仲間に入れて / 勘定・数に入れないで … 164
- 04 ***Count on it*** 信じて、任せておいて ……………………………… 165
- 05 ***Cut it out*** やめろ、やめて (くれ)、いいかげんにしろ …………… 166
- 06 ***Don't be silly*** ばかなことを言うな、ふざけるな ……………… 167
- 07 ***Don't give up*** あきらめないで、しっかりね ………………… 168
- 08 ***Don't mention it*** どう致しまして、いえとんでもない、いいって … 169
- 09 ***Don't touch that/it*** 触ってはだめ、触れないで ……………… 170
- 10 ***Don't you dare*** とんでもない、ばか言え ……………………… 171
- 11 ***Easy does it*** ゆっくりやれ、急がないで ……………………… 172
- 12 ***Enjoy your trip*** 楽しんできてね ………………………………… 173
- 13 ***Get over it / yourself / him***
  乗り越える、立ち直る、片付ける ………………………………… 174
- 14 ***Good for you*** よかった (な、ね) ……………………………… 175
- 15 ***Have a seat / Take a seat***
  座ってください、どうぞおかけください ……………………… 176
- 16 ***He's all talk*** □先だけだ、□ばかりだ ……………………… 177
- 17 ***Here you go*** どうぞ / さあ始めてくれ / 頼むぞ / お待たせ ……… 178
- 18 ***How are you? / How's it going?***
  元気ですか？ どうですか？ ……………………………………… 179
- 19 ***How dare you?(!)*** よくもそんなこと、信じられない………… 180

Contents

20 **I appreciate it / I'd appreciate it**
感謝します / それはありがたいですね ………………………………… 181

Useful Expressions「気を遣わないで」vs.「大丈夫です」…… 182

21 **I can manage** 何とかする、何とかできそうだ ………………… 184

22 **I doubt it**
そのことは分かりません、そうは思いません、怪しいもんだ ………… 185

23 **I don't know / I'm not sure**
知らない / わからない / どうでしょうねえ ……………………………… 186

24 **I feel great / It feels great**
気分が最高、ああ気持ちがいい ……………………………………… 187

25 **I feel sick** 気持ちが悪い / 気分が悪い、吐き気がする ………… 188

26 **I guess so / I guess not** そうらしいね / そうは思わない …… 189

27 **I mean it** 本気です、冗談ではないよ ……………………………… 190

28 **I'd rather not** どちらかというといやだ ……………………………… 191

29 **I'm with you** 同感だ / 賛成する ………………………………… 192

30 **If you insist** どうしてもと言うなら、しょうがないなぁ …………… 193

Useful Expressions 大丈夫です …………………………… 194

31 **Is that clear?** 分かった？ 理解できた？ ……………………… 197

32 **It/That doesn't matter**
どうでもいい、気にしないで、構いません …………………………… 198

33 **It/That makes sense**
一理あるね、道理にかなっている、筋が通っている ………………… 199

34 **It was nothing** どう致しまして、どうということはありません … 200

35 **It's a deal** いいとも、決まったね、商談成立だ ………………… 201

36 **It's about time** そろそろ時間だ ……………………………… 202

37 It's all yours すべてお任せ / 好きに使っていいから ………………… 203

38 It's an emergency 緊急（事態）です ………………………… 204

39 I'm right here / It's right here
私はすぐそばにいる / それはすぐにそばにある ………………… 205

Useful Expressions
Just a moment / Hold on / Wait a minute ちょっと待ってください … 206

40 It's your turn あなたの番です …………………………………… 208

41 Just in time ぎりぎりの時間に、ちょうどよいときに ………… 209

42 Let me explain 説明します、説明させてください ……………… 210

43 Let's get going/moving/started
さあ行くぞ、行きましょう / 始めましょう …………………… 211

44 Mind your manners
マナーに気を付けて、礼儀正しくしなさい …………………… 212

45 Never say never
絶対なんてことはない、何が起きるかわからないよ …………… 213

46 No hard feelings 恨みっこなし / 恨みはない ……………… 214

47 Not at all いいえ少しも、とんでもない …………………… 215

48 Not so fast ちょっと待て / 考えが甘いよ ………………… 216

49 Nothing to it 簡単なことだ、楽勝よ / どうってことない ……… 217

50 Now you're talking!
そうだね、そうこなくっちゃ！、いいこと言うね …………… 218

51 Piece of cake 楽勝よ、わけないさ、朝飯前 ……………… 219

Useful Expressions 慣用表現 ……………………………… 220

52 Practice makes perfect
練習することで完璧になる、習うより慣れろ ………………… 222

53 Pull yourself together! しっかり（しろ）、気を取り直して …… 223

Contents

54 **Serves you right** いい気味だ、自業自得だ ……………………… 224

55 **Shame on you** 恥知らず、恥を知れ …………………………… 225

56 **So do I!** 私だって！ ……………………………………………… 226

57 **Stay/Keep in touch** 連絡を取り合う ……………………… 227

58 **Step on it / Floor it / Gun it**
スピードを出して（アクセルを踏んで）、急ぐ、突進して ……………… 228

59 **Take a break** ちょっと休んで、休憩する ………………………… 229

60 **Take it easy** 気分を楽にして、無理しないで、気楽に行こう ……… 230

61 **Take your time** ゆっくりどうぞ、時間をかけて構わないよ ……… 231

62 **That's no excuse** それは言い訳にならない …………………… 232

63 **That's the spirit** そうこなくっちゃ！　その調子です …………… 233

64 **Think it over / Think about it**
よく考えてみてください、考え直してみてください ………………………… 234

65 **Time will tell** 時間が経てば分かるさ ……………………………… 235

Useful Expressions What a + 名詞 ……………………………… 236

66 **Wait for me** 待ってください ………………………………………… 239

67 **What a relief! / That's a relief!**
ああ良かった！　ホッとしました ……………………………………… 240

68 **What for? / What's the use? / What's the point?**
何で？ / 何しようとして？ / 何の役に立つの？ ………………………… 241

69 **Whatever you say / Whatever you want**
仰せの通りに、どうでもいいよ / どうぞお好きに ………………………… 242

70 **What's going on?** どうなっているの？ / どうしたの？ ………… 243

71 **What's the matter?** 何ですか？ どうしたの？ ……………… 244

72 **Way to go** よくやった / その調子だ / いいぞ！ ………………… 245

THREE Words

73 *You got it / I got it* その通り、はい承知しました ················· 246

74 *I've got it* 分かった、あっそうか ··· 247

75 *You owe me*（あなたは私に）貸しがある ······························ 248

76 *You look great* すてきだ / かっこいい / 元気そう ················· 249

Vocabulary ·· 250

● 付属 CD-ROM について ●

本書に付属の CD-ROM に収録されている音声は、パソコンや携帯音楽プレーヤーなどで再生することができる MP3 ファイル形式です。
一般的な音楽 CD プレーヤーでは再生できませんので、ご注意ください。

■ ファイルの利用方法について
CD-ROM をパソコンの CD/DVD ドライブに入れて、iTunes や x- アプリなどの音楽再生（管理）ソフトに CD-ROM 上の音声ファイルを取り込んでご利用ください。

■ 音楽再生・管理ソフトへの取り込みについて
パソコンに MP3 形式の音声ファイルを再生できるアプリケーションがインストールされていることをご確認ください。
音楽 CD と異なり、CD-ROM をパソコンの CD/DVD ドライブに入れても、多くの場合音楽再生ソフトは自動的に起動しません。ご自分でアプリケーションを直接起動して、「ファイル」メニューから「ライブラリに追加」したり、再生ソフトのウインドウ上にファイルをマウスでドラッグ＆ドロップするなどして取り込んでください。
音楽再生ソフトの詳しい操作方法や、携帯音楽プレーヤーへのファイルの転送方法については、ソフトやプレーヤーに付属のユーザーガイドやオンラインヘルプで確認するか、アプリケーションの開発元にお問い合わせください。

ONE Word

1 語の表現

1

ONE Word

TWO Words

THREE Words

Alright
いいよ、大丈夫

▶聴いてみる ▶意味を理解 ▶音読練習

A: Let's meet at 6 tomorrow.
明日6時に会おう。

B: Alright.
いいよ、わかった。

A: Is it alright if I borrow your calculator?
あなたの計算機を借りてもいい？

B: Sure, that's alright.
もちろん、いいよ。

A: I heard you've been sick. How are you feeling now?
具合が悪いと聞きましたが、いまは大丈夫ですか？

B: I'm alright. Thank you.
大丈夫です。ありがとう。

alright は正確には all right です。alright と1語で表記するのは、インフォーマルな文章のときです。

ONE Word 02 *Anytime*
どういたしまして

▶聴いてみる ☐☐ ▶意味を理解 ☐☐ ▶音読練習 ☐☐

A: Thanks for helping me move in.
引越しを手伝ってくれてありがとう。

B: **Anytime.**　おやすい御用です。

A: Thank you for comforting me.
慰めてくれてありがとう。

B: **Anytime you need me, I'll be there.**
いつでも必要なときにはそばにいるよ。

A: What time would you like to meet?
いつお会いするのがよろしいでしょうか？

B: **Anytime is fine with me.**
私はいつでも構いませんよ。

Exercise

any time　いつでも

A: I'm sorry that I'm so busy these days.
最近、すごく忙しくてごめんね。

B: That's ok. I appreciate *any time* we can spend together.
大丈夫。一緒にいられるときはいつでも嬉しいから。

PLUS

alright のように anytime も、any time と2語に分けて表記することがあります。この場合は意味が異なります。

anytime は、ある時点を表す語で、「いつでも」という意味です。

- I can meet you *anytime*.
  いつでも、あなたに会うことができます。

any time は期間を表す語で、「ある期間のどの時間でも」という意味です。

- I don't think I have *any time* today.
  今日は時間がまったくないようなのですが。

ONE Word 03 *Apparently*
おそらく（そう思う）

▶聴いてみる ☐☐   ▶意味を理解 ☐☐   ▶音読練習 ☐☐

A: Are you sick?
具合が悪いの？

B: Apparently. I feel terrible.
そうみたい。気分が悪いです。

A: Did Bruce go on vacation?
ブルースは休暇に行ったのですか？

B: Apparently. I haven't seen him around lately.
おそらく。ここ数日、彼を見かけません。

A: Did Hiroshi really lose 20 kilograms?
洋は本当に20キロも痩せたのですか？

B: Apparently so, he looks really thin these days.
そうだと思います。最近彼は本当に痩せて見えます。

Apparently は動詞の appear と同様、「そう見える」、「そのようだ」を意味します。It appears so. / It looks like it. / It seems that way. / I guess so. のように、ある状況が私たちの目にどのように映るかを表す表現と似た意味で使われます。

ONE Word 04

Congratulations
おめでとう

▶聴いてみる ▶意味を理解 ▶音読練習

A: Today is my birthday.
今日は私の誕生日です。

B: Congratulations!
おめでとう！

・・

A: I just completed my first half-marathon last weekend.
先週末、初めてハーフマラソンを完走しました。

B: Congrats!
おめでとう！

・・

A: Congratulations on your promotion.　　昇進
　　…おめでとうございます。　　anniversary.　　記念日
　　　　　　　　　　　　　　　　birthday.　　　誕生日
　　　　　　　　　　　　　　　　achievement.　 業績、功績

➕PLUS

名詞の Congratulations は常に複数形で使います。Thanks（ありがとう）、Regards（よろしく伝えてください）、Best wishes（幸運を祈っています）、Condolences（お悔やみ申し上げます）等も同じです。挨拶や称賛の言葉を手紙に書くときは、一度だけではなく、何度も書くことが多いため、複数形にするのです。「たくさんのお祝いの言葉（Congratulations）で束ねた」花束をあげるのに、1本だけでは足りないですよね？

ONE Word 05

Exactly / Absolutely
そのとおりです

▶聴いてみる ▶意味を理解 ▶音読練習

A: You mean you're looking for a girl who is both intelligent and pretty?
要するにあなたは、頭のよさと顔のよさを兼ね備えた女の子を探してるってことね？

B: Exactly! そのとおり！

A: We should come back to this restaurant. Don't you agree?
このレストランに戻ってくることにしましょう。それでいいですか？

B: Absolutely! 賛成です！

A: Would you say this new movie is your best one yet?
この新作映画は、あなたが作った作品の中で最高傑作だと言えるものでしょうか？

B: Absolutely! I really think it will be a huge blockbuster.
もちろんです！ この映画は大ヒットを飛ばすと確信しています。

A: I don't think our students are competitive enough.
学生たちは競争力に欠けるように思います。

B: Yeah, the government needs to invest more money in education.   確かに、政府はもっと教育に投資する必要があります。

A: That's exactly my point! I'm glad you agree.
= That's exactly what I mean.
私が言いたいのもまさしくそこです！ 同じ意見で嬉しいです。

Exactly は、相手の言葉や意見に対して、自分の考えも「確かに」そうだと、強調する表現です。Absolutely は「完全に」同意するという点に重きが置かれています。これらの表現は相手の言葉や意見に対して全面的に同意する、あるいは共感するときに使います。

Finally
ついに

▶聴いてみる ▶意味を理解 ▶音読練習

A: Ok, your visa has been confirmed.
オーケー。あなたのビザは承認されました。

B: Finally!
ついにやった！

A: Mr. Anderson? The doctor will see you now.
アンダーソンさんはいらっしゃいますか？ 先生が診察いたします。

B: Finally! I've been waiting forever.
やっとか！ 本当にお待たせだよ。

The day has finally come for the new Superman movie to be released. I've been looking forward to it!
新しいスーパーマンの映画がいよよ公開されるんだ。本当に楽しみにしていたよ！

Finally / Really / Already / Definitely 等の副詞は、１語でも熟語と同じ意味合いで使えます。

A: **The art exhibit is closing soon. It's time to leave.**
展覧会はまもなく閉会です。退室してください。

B: *Already*?
もう？

A: **I think David Beckham was the most influential soccer player of the 90s.**
デビッド・ベッカムは、90年代に最も影響力のあるサッカー選手だったと思います。

B: **Yeah, *definitely*!**
ええ、そのとおり！

Useful Expressions

形容詞と副詞を用いた一語の答え

形容詞をたくさん覚えておくと感情を表現するのに役立ちます。似た意味を持つ形容詞が多いので、同じ答えでも、肯定的なのか否定的なのか、あるいは驚いたり、興味深いといった感情を表すのかなど、うまく使い分けることが大切です。

I finally passed my exam.
ついに試験に合格しました。

> Fantastic! / Wonderful! / Great! / Awesome! / Terrific!
> 本当によかった！

How was the art exhibit?
展覧会はどうでしたか？

> Terrible! / Horrible! / Awful!
> ひどかったよ！

I hit two holes-in-one today!
今日は2回もホールインワンしたよ！

> Unbelievable! / Incredible! / Amazing!
> す、すごい！

… and that's the history of Backingham Palace.
…ということでこれがバッキンガム宮殿の歴史です。

> Interesting. / Fascinating.
> 興味深いですね。

また、副詞はあることを行う頻度について話すときに使うと便利です。

Are you still studying English?
まだ英語の勉強をしているの？

Always.	いつもしています。
Continuously.	続けています。
Quite frequently.	かなり頻繁に。
Sometimes.	時々。
Now and then.	時折。
Occasionally.	折々に。
Once in a while.	たまに。

When will you start studying English?
いつ英語の勉強を始めるの？

Soon.	すぐに。
Never.	絶対しません。
In a while. / After a while.	そのうちに。
From now on.	今からします。

ONE Word 07

Freeze / Stop
動くな / 止まれ

▶聴いてみる ☐☐   ▶意味を理解 ☐☐   ▶音読練習 ☐☐

A: **Freeze!**
止まって！

B: What's wrong?
どうしてですか？

A: You almost stepped on that chewing gum.
もうすこしでガムを踏むところでしたよ。

A: The car crash was so gross, there was blood everywhere.
その自動車事故はほんとうにゾッとするものでした。四方が血だらけでした。

B: **Stop!** I don't want to hear any more.
やめて！ もう聞きたくありません。

A: You are the worst girlfriend I've ever had…
きみは今までで最低のガールフレンドだよ。

B: **Stop it!** Why are you being so mean to me!
やめて！ どうしてそう私につらく当たるの！

Exercise

A: **I think the boss has it in for me. She's trying to get me fired.**
ボスは私のことをよく思っていないみたい。彼女は私をクビにしようとしてるの。

B: **Stop your *nonsense*. You know that's not true.**
おかしなことを言うなよ。そんなわけがないと分かっているでしょう。

+PLUS

誰かに銃をつきつけて「身動きするな」と言うときに、Freeze! をよく使います。強い制止の言葉なので、日常生活ではあまり使いませんね。Stop! は「動くな (Don't move.)」、「止まれ (Hold it. / Hold on.)」という意味で、こちらは日常的に使われます。

Okay
わかった、大丈夫

▶聴いてみる ▶意味を理解 ▶音読練習

A: Please fill out this application form.
この申請書に記入してください。

B: Okay.
分かりました。

A: Did you proofread the document I wrote? Was it OK?
私が書いた記事を校正しましたか？ 大丈夫だったでしょうか？

B: Yes, everything was OK. You did a good job.
はい、何も問題ありませんでした。非常によく書けていました。

I don't understand why people think it's OK to throw their garbage everywhere.
自分のゴミをどこへでも捨てて平気でいられる人たちが理解できません。

Exercise

A: How was your dinner?
夕飯はいかがでした？

B: It was just OK. Nothing special.
まあまあ。ごく普通だよ。

###

OK の綴りは、とくに決まっていません。OK、または O.K.、okay、Okay など、どのように書いてもいいことになっています。

09 *Really?*
本当に？

▶聴いてみる ▶意味を理解 ▶音読練習

A: Did you know the universe contains more than 100 billion galaxies?
宇宙には1000億を超える銀河があるって知っていた？

B: Really? That's unbelievable.
本当に？ 信じられない。

....

A: Jimmy told me he's a financial genius.
ジミーが私に、彼は金融分野の天才だと言ったんだ。

B: Really? I heard he gets all his money from his parents.
本当に？ 彼の資産はすべて両親から相続したと聞いたけど。

....

A: I think you're the kindest person I've ever met.
あなたは私が会った人の中で一番親切な方です。

B: Really? Well, I'm glad to hear that.
本当ですか？ いやあ、それは嬉しいです。

Exercise

・You don't say!	まさか！
・Are you for real?	本当に？
・Seriously?	本当？ 本当の話ですか？
・Are you serious?	本当？ 真面目に言ってる？

(That's / You're) Right
(その言葉は / あなたは) 正しい

▶聴いてみる ▶意味を理解 ▶音読練習

A: Hey, you used to attend Kyoto University, right?
ねえ、あなたは京都大学に行っていたんだよね、あってる？

B: Right.
あってます。

A: Excuse me, don't you work at the local cafe?
すみません、ここの地元のカフェで働いている方ではありませんか？

B: That's right. I recognize you, too.
そうです。私もあなたに見覚えがあります。

A: These days, it's important to create a long-term relationship with your customers.
昨今は顧客との長期的な関係を築くのが重要です。

B: You're right. I try to teach that to all my employees.
そのとおりです。私は全社員をそのように教育しようと努力しています。

ONE Word 11: Sorry / Forgive me / I apologize

申し訳ありません / 許してください / 謝罪します

◆ Sorry　申し訳ありません

A: Why didn't you show up for practice yesterday?
どうして昨日の練習に来なかったの？

B: Sorry. I fell asleep on the couch.
ごめんなさい。ソファで眠り込んでしまったんです。

A: You're sitting in my seat.
あなたが座っているのは私の席です。

B: Sorry about that. I didn't know these seats were numbered.
ごめんなさい。座席番号があるとは知りませんでした。

A: Why did you call me at 3 a.m. last night?
どうして昨夜は三時に電話してきたの？

B: I'm so sorry. I got drunk and made a stupid mistake.
本当に申し訳ない。酔っ払ってばかな間違い電話をしちゃったんだ。

▶聴いてみる ☐☐　▶意味を理解 ☐☐　▶音読練習 ☐☐

◆ Forgive me / I apologize　　許してください / 謝罪します

A: Hey, you're an hour and a half late for our party. What gives?
ちょっと、あなたはパーティーに一時間半も遅刻したね。どういうつもり？

B: I apologize. I had to attend a meeting at work.
ごめんなさい。会社の会議に出席しないといけなかったんです。

・・

A: It really hurt my feelings when you said you didn't like my parents.
あなたが私の両親を好きでないと言ったとき、私は本当に傷つきました。

B: Please forgive me. I'll make it up to you.
どうか許してください。お詫びをします。

・・

Forgive me for interrupting, but could I get your autograph? I'm a huge fan.
割り込んで申し訳ありませんが、サインをしてくださいませんか？ あなたの大ファンなんです。

ONE Word

ONE Word 12

Thanks
ありがとう

▶聴いてみる ▶意味を理解 ▶音読練習

A: Here is your order, Ma'am. Enjoy your meal.
ご注文の品です、お客様。ごゆっくりどうぞ。

B: Thanks. ありがとう。

*Ma'am[məm] 店員が女性客を丁寧に呼ぶ言葉

A: Let me help you get ready for your trip.
旅行の準備を手伝ってあげましょう。

B: Thanks a lot! 本当にありがとう！

A: Thanks a lot for helping me with my essay.
小論文を手伝ってくれて本当にありがとう。

B: No problem.
大したことじゃないわ。

Exercise

A: **Would you like another cup of coffee?**
コーヒーのおかわりはいかがですか？

B: ***No, thanks.** I've already had six.*
結構です、ありがとう。もう6杯もいただいているの。

PLUS

Thanks の後に、量を表す表現を使うと、さまざまな感謝の意味を伝えることができます。

- **Thanks so much.** とてもありがとう。
- **Thanks a ton.** 重ね重ねありがとう。
- **Thanks a lot.** 本当にありがとう。
- **Thanks a million.** どうもありがとう。

thank you と thanks は混同しないでください。Thanks you は誤った表現です。thanks は名詞なので "Thanks a lot." は、a lot of thanks（多くの感謝）を捧げるということです。一方、"Thank you." は "I thank you." の略で、このときの thank は動詞です。

ONE Word

13 *Whatever*
どうでもいい

▶聴いてみる ▶意味を理解 ▶音読練習

A: I'm so popular with women. I once dated a supermodel.
私はすごく女性にモテるんですよ。一時はスーパーモデルと付き合っていました。

B: Yeah, whatever…
うん、どうでもいい…

A: It's your fault that I lost money on the stock market! You gave me a bad tip.
株で金を失ったのはあなたのせいです！ あなたのくれた情報が間違ってたんだから。

B: Whatever… you're responsible for your own investments.
知ったこっちゃないよ…あなたが直接投資したことはあなたの責任です。

A: I heard Ronaldo might be returning to Manchester this summer.
ロナウドがこの夏、マンチェスターに戻ってくるかもしれないと聞いたよ。

B: Whatever. That's just a rumor.
どうでもいいよ。ただの噂でしょう。

Whatever は Whatever you say（そんなことはどうでもいい）の省略形で、インフォーマルな表現です。あるステートメントに対して、拒否したり無視したりするとき、または相手が言ったことに無関心を示すときなどに使われます。

Useful Expressions

疑問詞

疑問詞は次のように、ある情報をより知ろうとするときに使われます。
人についての情報を知りたいときには who、場所については where、時間については when、あることについての理由は why、あることが生じる原理や方法、手段を知りたいときには how を使います。

- a person = who
- a place = where
- a time = when
- a thing = what
- a reason = why
- the way or manner that something takes place = how

次のダイアログを通して、疑問詞がどのように使われるのかを見てみましょう。

A: I have a surprise for you.　きみをびっくりさせるニュースがあるよ。
B: What?　何？

A: I'm inviting you on a vacation.　きみを休暇旅行に連れて行くつもりです。
B: Where?　どこへ？

A: To Hawaii!　ハワイへ！
B: When?　いつ？

A: For our anniversary next week. We leave on Friday.
来週の僕たちの記念日に。金曜日に出発するんだ。

B: How?　どうやって？

A: By plane, first class.　飛行機で。ファーストクラスだよ。

B: With whom?　誰と？

A: Just you and me, of course!　僕ときみだけです、もちろん。

B: Why?　どうして？

A: Because I love you.　なぜなら、きみを愛しているから。

B: Thank you!!　ありがとう！

実際の生活でこんな会話をすることは、もちろんないでしょう。あるとしたら、少なくとも腹を立てられるでしょう。このように言葉尻に疑問詞をつけられたら、話しかけてきた人は十中八九、ハワイ旅行を取りやめてしまうのではないでしょうか。

Vocabulary

A

a bad tip	誤った情報
absolutely [ǽbsəlùːtli]	そのとおりだ、賛成だ
achievement [ətʃíːvmənt]	達成すること、業績
amazing [əméiziŋ]	信じられないほど良い、すごい
apparently [əpǽrəntli]	一見したところ、見たところ、どうやら
appear [əpíər]	姿を見せる、現れる
application form [əpləkéiʃən fɔ́ːm]	申込書
appreciate [əpríːʃièitt]	〜を感謝している、ありがたく思う
attend a meeting	会議に出席する
autograph [ɔ́ːtəgrǽf]	(有名人にもらう) サイン
awesome [ɔ́ːsəm]	素晴らしい、クールである
awful [ɔ́ːfəl]	大変な、ひどい

B-C

blockbuster [blɑ́kbʌ̀stər]	大ヒット映画《本来、都市の一つの区画（block）を破壊させられるほどの強力な爆弾（buster）を意味していた》
chew [tʃúː]	噛む　chewing gum は咀嚼するゴム、すなわちガムのこと
competitive [kəmpétətiv]	競争力のある
condolences [kəndóulənsiːz]	哀悼の意　（メールまたは葬儀などで）お悔やみ申し上げます。
contain [kəntéin]	含む
customer [kʌ́stəmər]	顧客、ゲスト

D-E

duration [djuəréiʃən]	期間
education [édʒukéiʃən]	教育
employee [implɔiíː]	社員、従業員
enough [inʌ́f]	十分な《形容詞のあとにくる場合、満足していることや十分に足りているということを伝える》
exactly [igzǽktli]	正確に、その通りに、まさにそうです
exhibit [igzíbit]	展覧会

F

fascinating [fǽsənèitiŋ]	非常に魅力的な
fill out	(書類などを) 記入する
finally [fáinəli]	ついに、最終的に
financial [finǽnʃəl]	金融の、財政の
freeze [fríːz]	動くな、止まって、(警察官などの命令で) フリーズ
frequency [fríːkwənsi]	頻度
frequently [fríːkwəntli]	多くの場合、頻繁に

Vocabulary

G
galaxy [gǽləksi]	銀河
garbage [gάːrbidʒ]	ゴミ、生ゴミ
genius [dʒíːnjəs]	天才
gross [grous]	ひどい、嫌な
guess [ges]	推測する、仮定する

H-I
have it in for someone	～に悪感情がある
horrible [hɔ́(ː)rəbl]	ひどい、恐ろしい
incredible [inkrédəbl]	信じられないほど良い、すごい
influential [ìnfluéntʃəl]	影響力がある
intelligent [intélidʒənt]	頭がいい、賢い
interrupting [ìntərʌ́ptiŋ]	言葉や行動に割り込んで妨害すること
investment [invéstmənt]	投資

L-N
lately [léitli]	最近
long-term relationship	長期的な関係
look forward to [fɔ́ːrwərd]	～を楽しみに待つ
make it up to someone	～の埋め合わせをする
Manchester [mǽntʃestər]	マンチェスター（イギリスの有名なサッカーチーム）
nonsense [nάnsèns]	とんでもない、とんでもない発言
nothing special	特筆すべきことのない

O-Q
occasionally [əkéiʒənəli]	時々、偶然
period [pí(ː)əriəd]	期間
proofread [prúːfrìːd]	校正する
quite [kwait]	かなり

R
recognize [rékəgnàiz]	知っている、認識している
regards [rigάːrdz]	よろしく、（手紙の最後に自分の名前と一緒に使って）それでは
release [rilíːs]	（映画などを）公開する

S-V
show up for practice [prǽktis]	練習に出る
terrible [térəbl]	お粗末な、恐ろしい
terrific [tərífik]	すばらしい、素敵な
throw [θrou]	投げる
universe [júːnəvə̀ːrs]	宇宙
visa [víːzə]	入国査証《ある国に出入国してもよいと承認する文書で、大概はパスポートに押される》

TWO Words

2語の表現

2

TWO Words 01 *A few*
少し、わずかの

▶聴いてみる ☐☐ ▶意味を理解 ☐☐ ▶音読練習 ☐☐

A: Are there any rolls of toilet paper left?
トイレットペーパーはいくつか残ってる？

B: **A few.**
少しは。

・・・

A: Have you had a lot to drink tonight?
今夜はお酒をたくさん飲みましたか？

B: **Just a few.** [*hiccup*]
少しだけだよ。[ヒック（しゃっくりの音）]

・・・

A: Waiter, how long do we have to wait for our food?
すみません、料理はあとどれくらい待たないといけませんか？

B: **Just a few more** minutes, sir.
あともう2～3分です。

➕PLUS

a few は toilet paper rolls（トイレットペーパー）、drinks（飲み物）、minutes（分）などのように数えることができる名詞に使います。love（愛）、time（時間）のように数えられない名詞には a lot（たくさん）や a little（若干、少し）を使います。

A: **How much time do we have before the train leaves?**
列車の出発まであとどれくらいでしょう？

B: **A few.**（✗）/ ***A little.***（○）　あと少しです。

A: **How much do you love me?**
私のことどれくらい好き？

B: **Many!**（✗）/ ***A lot!***（○）　ものすご～く！

After you
お先にどうぞ

▶聴いてみる ▶意味を理解 ▶音読練習

A: Let's go inside.
さあ、入りましょう。

B: [*opens door*] After you.
[ドアを開けて] お先にどうぞ。

A: Have the first slice of this delicious cake.
おいしそうなケーキの最初のひと切れをどうぞ。

B: No, it's your birthday! After you.
いいえ、あなたの誕生日ですよ！ どうぞお先に（食べてください）。

A: Do you think this fence is electric? Try touching it.
このフェンスって電気が通ってるのかな？ ちょっと触ってみて。

B: Ha, after you! I don't want to kill myself!
またまた、お先にどうぞ！ まだ死にたくはありませんから！

+PLUS

女性を先に部屋に入らせたりエレベーターに乗せたりして、紳士のように振舞いたいときには **Ladies first.** という特定の表現を使います。もちろん、この表現は男性から女性に対してのみ使われます。

A: **Let's take a taxi instead of the bus.**
バスではなくタクシーに乗りましょう。

B: [*opens door*] **Ladies first.**
[ドアを開けて] お先にどうぞ。

A: **Thank you.**
ありがとう。

TWO Words 03

All set
準備完了、用意ができている

▶聴いてみる ▶意味を理解 ▶音読練習

A: Are you ready for our camping trip?
キャンプに行く準備はできている？

B: All set!
準備万端だよ！

I have roses, some wine, and a new suit. I'm all set for my big date.
バラの花もワインも用意したし、新しい洋服も着た。大事なデートの準備は万端だ。

A: Here you go, sir, the keys to your new motorcycle.
お待たせいたしました。新しいオートバイの鍵です。

B: I'm so excited! Can I take it for a spin?
ワクワクするなあ！ ちょっと一走りしてみてもいいですか？

A: Sure, it's all set to go.
もちろんです。すぐに走れるよう準備万端です。

+PLUS

動詞の set にはいろいろな意味があり、英単語のなかでもっとも多くの意味をもつ語といえるでしょう。ここでは、All set で、あること／あるものに対する「準備がすべて整った」という意味で、All / Everything is set. の省略形です。

Allow me
私にさせてください

▶聴いてみる ▶意味を理解 ▶音読練習

A: I can open the door for myself.
ドアは自分で開けますよ。

B: No, no, allow me!
いえいえ、私にさせてください！

Allow me to introduce myself. My name is Mr. Bond.
自己紹介をさせてください。私の名前はボンドです。

A: Let me pay for the cab fare.
タクシー代は私が払いますよ。

B: Please, allow me.
どうか私に出させてください。

A: But the fare is very cheap. I don't mind paying.
でも、たいした金額じゃないし。私はちっとも構いませんから。

B: No, no, I insist.
いえいえ、そこはどうしても。

Exercise

allow me to + 動詞原形　私が〜できるように許可してくれる。
My parents won't *allow me to* go to the concert tonight.
両親はきっと私が今夜のコンサートに行くのを許してくれないでしょう。

TWO Words 05 — *Anything else?*
他に何か？

A: I'd like you to feed the dogs.
犬に餌をやっておいてもらえますか。

B: Anything else?
他にはやることある？

A: Yes, give them clean water too.
そうね、水もやっておいてください。

A: One steak salad and one spaghetti carbonara. Anything else, sir?
ステーキサラダとカルボナーラスパゲッティーですね。他にご注文はございますか？

B: No, nothing else.
いいえ、ありません。

A: Do we have everything on our grocery list?
買物リストにあるもの、全部そろったかな？

B: I think so. I can't think of anything else.
全部あると思うわ。他に何も思いつかないもの。

A: OK, if there's nothing else we need, then let's head for the counter.
よし。必要なものが他にないなら、レジに行こうか。

At last
やっと、ついに

A: Here is your food, sir.
お料理をお持ちしました。

B: At last! I've been waiting for half an hour!
やっとだ！ 30分も待ったよ。

At last! It's finally Christmas day. I've been waiting all month.
やっとだ！ いよいよクリスマスだ。ずっと待っていたよ。

The book I ordered is here, at last!
注文していた本がついにきた！

Useful Expressions

Be, Stay & Keep

〈Be ＋ 形容詞〉は次のような命令や提案をするときにさまざまな意味で活用されます。

Be quiet! I'm trying to study!
静かにして！勉強しようとしているところなんだよ！

A: One pair of gloves is 5,000 yen.
手袋は5千円です。

B: **Be reasonable**, that's too expensive!
安くしてくださいよ、高すぎます！

A: This assignment is boring. I want to go to a bar.
この会議にはうんざりです。飲みに行きたい。

B: **Be serious!** We have to finish this work by Monday.
真面目にやれ！ 月曜日までに、この仕事を終えないといけないんだぞ。

Be nice to the new boy in school.
転校してきた男の子に親切にしてあげること。

A: When will I get a promotion?　私はいつ昇進できますか？

B: Just **be patient**.　我慢して待ってください。

You have a yellow card already. **Be cool** or you're going to get sent off.
きみは既にイエローカードを受けている。冷静になれ。さもないと退場になってしまう。

I applied for a new job, so I need to **be ready** in case the company calls to ask for an interview.
新しい仕事に応募したので、面接の連絡が来る場合に備えて、準備しておかなければ。

動詞の be、keep、stay を形容詞と結合して、席を外すときや手紙・E メールを締めくくるときに使う別れのあいさつを作ることができます。Be は相手を気づかうやさしい気持ちによる命令で、相手のコンディションに対する希望を強調します。たとえば、Be happy.（幸せでいてください）という場合です。stay や keep は、現在の肯定的な状態を維持するという点を強調します。たとえば、Stay calm.（落ち着いてください）は、腹を立てている人に対して、そんなに腹を立てずに落ち着いてくださいという意味になります。すでにカンカンに怒っている人に対して、頭を冷やして「冷静になれ」というときは、Calm down. を使います。

A: I'm going away to South America tomorrow.
　　私は明日、南アメリカに向けて出発します。

B: Ok, **be safe**.　うん、気をつけて。

Kids, I'm leaving now. **Be good** until I come home again.
みんな、もう出発するよ。また来るときまで、元気にしているんだよ。

It was good to see you again, Dad. I'll come visit again next month. **Stay healthy!**
会えてよかったよ、お父さん。来月、また来るね。健康に気をつけて！

Winter is coming, so remember to **keep warm**.
冬が来るから、暖かくしてね。

A: You, #&!@? Why did you hit my car?
　　あなた、#&!@？　なんで私の車にぶつけたの？

B: **Stay calm.** It was an accident.
　　落ち着いてください。事故だったんです。

07 Be careful
気をつけて、注意して / 慎重に

Be careful! The road is icy!
気をつけて！ 道路が凍っている！

A: Let's cross the street here.
ここで道を渡りましょう。

B: **Be careful!** The cars won't slow down for you.
気をつけなよ！ 車はあなたのためにスピードを落としたりしないからね。

Be careful not to make any mistakes in this report. It's going to be reviewed by the manager.
このレポートには間違いがないように注意してください。部長が見ることになっています。

A: I wish we'd get a new boss.
新しい上司が来たらいいのに。

B: Be careful what you wish for. A new boss might be even stricter than the current one.
よく考えてみるんだ。新しく来る上司は、今の上司よりもはるかに厳しい人かもしれないぞ。

Beats me
知るもんか、さあね

A: Why is there never a taxi when you need one?
タクシーは、なぜ乗りたいときに通らないんだろう？

B: Beats me.
さあね。

A: Do you know why they suddenly cancelled the project we were working on?
私たちが作業していたプロジェクトが突然中断したのはなぜか知っている？

B: Beats me. I haven't heard any reason for it.
知らないよ。なんの理由も聞いていないよ。

A: Why would my girlfriend say she doesn't care about our anniversary, but then get upset when I forget it?
ぼくの彼女は記念日には関心ないと言いながら、なんでぼくが記念日を忘れると怒るんだろう？

B: Beats the hell out of me! I don't understand women.
さっぱり分かんないよ！ 女って理解できないよ。

TWO Words 09 *(God) Bless you*
幸運を祈る、お大事に

A: I want to donate 1,000 dollars to your charity.
そちらの慈善団体に1000ドルを寄付したいと思います。

B: Bless you!
それはありがとう！

A: [*sneezing*] Achoo!
[くしゃみをして] ハクション！

B: Bless you.
お大事に。

God bless you, you've helped me so much.
あなたの幸運を祈ります。あなたは私を大変助けてくださいました。

+PLUS

本書では、日常生活でよく使われている表現を紹介しています。その場合は、助動詞などが省略されることが多いので、意味をとらえるのが時に難しいことがあります。Bless you. の完全な文章は、May God bless you. となります。日常では圧倒的に Bless you. と省略する形を使います。

TWO Words 10 — *Calm down*
落ち着いて、まあまあ

▶聴いてみる ▶意味を理解 ▶音読練習

A: I hate my job!
仕事が嫌いだ！

B: Calm down!
まあまあ！

Just calm down and relax. There's no reason to stress out.
とにかく落ち着いてリラックスして。イライラすることはありませんよ。

I can't calm down with all this noise around me.
周囲の騒音のせいでまったく落ち着けません。

We need to talk about our relationship, but you're too upset right now. I'll give you a call after you calm down.
ぼくたちの関係について話し合いたいけど、きみは今、頭に血が上りすぎているみたいだ。きみが落ち着いたころに電話するよ。

Exercise

- **Cool it.** 　　　冷静になって。落ち着いて。まあまあ。
- **Don't panic.** 　興奮しないで。慌てないで。
- **Take it easy.** 　気を楽にして。
- **Chill (out).** 　　落ち着いて。

TWO Words

11 *(I) Can't wait*
待ちきれない、こうしてはいられない

▶聴いてみる ☐☐　▶意味を理解 ☐☐　▶音読練習 ☐☐

A: I'll come visit you next week.
来週、きみの家に遊びに行くよ。

B: Can't wait!
待ちきれない！

・・・

A: I heard you're going to take your wife to Hawaii for your anniversary.
結婚記念日に奥さんをハワイに連れて行くって聞いたけど。

B: Yeah, can't wait!
そうなんだ、待ちきれないよ！

・・・

I can't wait for the new James Bond movie to come out. The trailer looks amazing.
ジェームズ・ボンドの新作映画の公開が待ちきれないよ。予告はすごくよかった。

Cheer up
元気を出して

A: It's raining again today!
今日もまた雨だ！

B: Cheer up! It will get better soon.
元気出して！すぐに晴れるよ。

A: I'm nervous because I have to go to the hospital.
病院に行かないといけなくて緊張しているんです。

B: Cheer up, it's just a check-up.
元気出して、ただの健康診断なんだから。

A: Thanks for taking the time to cheer me up.
私を励ますために時間をさいてくれてありがとう。

B: That's what friends are for.
それが友達ってもんじゃないか。

TWO Words 13 — *Come here*
こっちへ来て

▶聴いてみる ▶意味を理解 ▶音読練習

A: Come here!
　こっちに来てよ！

B: I can't right now, I'm busy.
　今は行けないよ、忙しいんだ。

・・・

A: Show me a photo of your new girlfriend.
　新しいガールフレンドの写真見せてくれよ。

B: Come over here for a second. You can see a picture on my computer.
　ちょっとこっちに来て。コンピュータにある写真を見せるからさ。

・・・

A: @#$%!
　@#$%!

B: Come here, you naughty boy! You deserve to be punished for using bad language like that.
　来なさい、このいたずら坊主！ そんな汚い言葉を使うなんて、お仕置きよ。

TWO Words 14

Come on
いいかげんにしろ、よせ、まさかうそでしょ

▶聴いてみる ▶意味を理解 ▶音読練習

A: Oh no, I think we're out of gas.
あら困った、ガス欠だ。

B: Come on!
うそだろう！

A: I wanted to keep in touch with you, but I lost your phone number.
ずっときみに連絡したかったんだけど、電話番号をなくしてしまったんだ。

B: Come on! That's such a bad excuse.
いいかげんにして！あまりに苦しい言い訳よ。

A: Hey, this letter from the IRS says you owe them some taxes.
ねえ、国税庁からの手紙に、あなたは税金を払うようにと書いてあるわよ。

B: Come on! My accountant is supposed to handle that.
まさか！会計士が処理してくれるはずなのに。

Exercise

Come on, let's go! The train is about to leave.
さあ、行きましょう！列車がもうすぐ出発します。

PLUS

Come on は信じられない、腹が立つ、という心境を表現するときに使われる感嘆詞です。嫌な行為をする人に「やめてくれ」と頼むときや、誰かを促して、「急げ」というときにもよく使われます。

TWO Words 15

Don't bother
構わないで、お構いなく

▶聴いてみる ☐☐　▶意味を理解 ☐☐　▶音読練習 ☐☐

A: Let me walk you to the subway station.
地下鉄の駅まで送ってあげるよ。

B: Don't bother. I can go by myself.
お構いなく。一人で行けますから。

・・・

A: Should I reserve tickets for the musical?
ミュージカルのチケットを予約した方がいいかしら？

B: Don't bother, there are always some seats available.
その必要はありません。いつも何席かは残ってますから。

・・・

A: I want to convince my son to get married soon.
息子を説得してすぐに結婚させたいのです。

B: Don't bother trying. He's too stubborn to listen to advice.
やるだけむだよ。彼は頑固で助言を聞き入れたりしないから。

➕PLUS

1. 動詞の bother は意味がいろいろあるので、使い方が難しいと思うかもしれません。下記の例題のように煩わされたり困らせられたりして、「いらいらする」、「邪魔をする」という意味で使われることもあります。

    These damn phone salesmen always *bother* me with their calls.
    携帯電話のとんでもない営業員が、しょっちゅう電話をかけてきて邪魔なんだ。

2. また、無駄な時間をかけたり、神経を使って「煩わせて迷惑をかける」という意味でもよく使われます。Don't bother. という場合、下記のような意味になります。

    I hope my request won't *bother* you much.
    私がお願いしたせいで、あなたにご迷惑でないとよいのですが。

3. 最後に、bother は名詞としても使うことができます。

    My boss' unreasonable demands are such a *bother*.
    社長の理不尽な要求が実に煩わしい。

TWO Words 16

Don't cry/move/run/shout
泣かない / 動かない / 走らない / 叫ばない

▶聴いてみる ▶意味を理解 ▶音読練習

A: I feel very sad today.
今日、ひどく落ち込んでるの。

B: Don't cry! I'll buy you dinner to cheer you up.
泣かないで！ 夕食をおごるから元気を出してよ。

Don't move! There's a wasp on your shirt.
動かないで！ あなたのシャツにスズメバチがいる。

Kids, don't run in the hallway.
みんな、廊下を走らないでください。

Exercise

***Please don't shout** in the library. People are trying to concentrate.*
図書館で大声をあげないでください。みなさんが集中しています。

PLUS

〈Don't + 動詞原形〉構文のほとんどは〈No + -ing〉と形を変えて使うことができます。〈Don't + 動詞原形〉は意見を言ったり提案をするときによく使われる表現で、〈No + -ing〉はあることをするなと禁止するときに使われます。そのため、プールや博物館、図書館などでこのような表現がよく見られるでしょう。

- *No* touch*ing.* 触れないでください。
- *No* runn*ing.* 走らないでください。
- *No* shout*ing.* 大声を出さないでください。
- *No* eat*ing.* 食べ物を食べないでください。

TWO Words 17 — Don't worry / No worries
心配しないで、気にしないで

A: I'm nervous about the test tomorrow.
明日の試験が不安です。

B: **Don't worry!**
心配しなくていいよ！

A: Did you injure your arm?
腕を怪我をしたの？

B: **Don't worry about me.** It doesn't hurt.
気にしないで。痛くないから。

Don't worry about a thing. I'll take care of it.
なにも心配しなくていいよ。私がなんとかするから。

Exercise

A: Are you sure you can handle the kids while I'm away?
本当に私がいないあいだ、子供たちの世話をしてもらえるの？

B: *No worries.* I've been babysitting for years.
心配しないで。何年もベビーシッターをしていますからね。

TWO Words 18 · *Excuse me*
すみません / えっ?! / もう一度言ってみろ

▶聴いてみる □□　▶意味を理解 □□　▶音読練習 □□

Excuse me... Where is the nearest subway station?
すみません...一番近い地下鉄の駅はどこですか？

A: **Excuse me...** I'm getting off at the next stop.
すみません...次の停留所で降ります。

B: Oh, sorry, go right ahead. [moves out of the way]
失礼しました、どうぞ。[道をあけながら]

A: Man, your ex-girlfriend was such a flirt.
ねえ、きみの元カノは、すごい浮気者だったんだよ。

B: **Excuse me?!**　何だって?!

A: Come on, don't act so surprised. We all know it's true.
おいおい、そんな驚いたふりはやめなよ。みんなが知っている事実じゃないか。

Exercise

A: And then, just as I was about to... [phone rings]
それでね、私はちょうど〜しようとするところだったんです。[電話のベルが鳴る]

B: ***Excuse me**, I have to take this phone call. It's important.* [gets up to leave]
ごめんなさい、電話に出ないと。重要な件なんです。[席を外す]

+PLUS

Excuse me は、新しい話題を切り出したり、丁寧に会話に割り込もうとするときに使われる表現です。1つ目のダイアログのように他の人の注意を引こうとするとき、2つ目のダイアログのように通り過ぎざまにちょっと通してほしいとお願いするとき、また、3つ目のダイアログのように相手の言葉に同意できずに話の途中で割り込むときなどに使われます。さらに、相手にもう一度言ってほしいとお願いするときにも使えます。同じような状況で使える表現として、Pardon me. / I beg your pardon. があります。これらは Excuse me よりも少々フォーマルな表現であり、Pardon. と簡単にすることもあります。

A: **The connection is really bad on this phone.**
この電話、回線状態が本当に良くない。

B: ***Pardon**?* I couldn't hear what you were saying.
何？なんて言ったのか聞こえなかった。

TWO Words 19

Forget it / Forget (all) about it
まさか、もういいよ / まあいいや

▶聴いてみる ☐☐　▶意味を理解 ☐☐　▶音読練習 ☐☐

A: Can I borrow 10,000 yen from you?
1万円、ちょっと借りることはできない？

B: Forget it!
まさか！

・・・

A: Thank you so much for looking after my dogs.
うちの犬の面倒を見ていただいて本当にありがとうございます。

B: Forget about it. It was no big deal.
よしてくださいよ。そんな大したことじゃありませんから。

・・・

A: Why did you phone me today and hang up?
今日、電話してきて切ったのはなんだったの？

B: Just forget it. I dialed the wrong number.
気にしないで。間違って番号を押しちゃったんだ。

Exercise

A: **Did you remember to order the cake for Helen's birthday?**
ヘレンの誕生日ケーキを発注するの忘れてないよね？

B: **Oh no, *I forgot all about it*!**
ああ、まずい、完全に忘れていた！

If you think I'm going to let you spend the weekend at your boyfriend's house, *you can forget all about it*!
あなたがボーイフレンドの家で週末を過ごすことを私が許すと思ったなら、それは大間違いだよ！

Get real
現実に目をむける、まじめに考える

▶聴いてみる ▶意味を理解 ▶音読練習

A: Wanna go bungee-jumping with me?
バンジージャンプしに、いっしょに行かない？

B: Ha, get real!
ハー、本気なの！

*wanna は want to の口語表現

A: I hope to become a millionaire by age 30.
30歳までには、億万長者になるつもりさ。

B: Get real, that will never happen.
現実的に考えなさい、そんなことは絶対にないから。

Get real and face the truth!
現実に目をむけなよ！

21 Go ahead
さぁどうぞ、どうぞ〜しなさい

A: May I take one of these toothpicks?
つまようじ1本、もらえますか？

B: Go ahead!
どうぞ！

A: Is this present for me?
このギフトは私の？

B: Yes. Go ahead and open it.
そう。どうぞ開けてみてよ。

Why don't you go ahead to the restaurant? I'll meet you there.
先にレストランに行っててくださいよ。私もそこで合流しますよ。

Exercise

Please make yourself at home. If there's anything you want, *go right ahead* and ask.
自分の家だと思って、ゆっくりしてください。欲しいものがありましたらおっしゃってください。

Go on

そのまま続けて、もっと行け

▶聴いてみる □□ ▶意味を理解 □□ ▶音読練習 □□

A: Would you like me to continue with the story?
このまま話を続けていいの？

B: Yes, go on!
ああ、もちろん続けてよ！

A: Go on, talk to her!
ほらほら、彼女に話しかけなよ！

B: I can't, I'm too shy.
無理だよ、恥ずかしいよ。

After winning their last match, the team will go on to the finals of the tournament.
前の試合に勝ったから、チームは大会の決勝戦に進むことになったんだ。

Exercise

Whenever we meet, Carey always *goes on and on* about her children. It's so boring to listen to.
キャリーは、会うたびにいつも自分の子供の話ばかりします。聞くのも飽き飽きです。

+PLUS

go の代わりに他の動詞を使って、別の表現として活用することができます。

Now that I'm in university, I don't care about my high school exam. I've *moved on*.
今や大学生になったのだから、高校の試験なんか気にしないよ。過去のことだよ。

You think you can beat me at ping-pong? *Dream on*.
卓球で私に勝てると思うの？ 寝ぼけたことを！

A: **Hello, Mr. Jackson.**
こんにちは、ジャクソンさん。

B: **Don't mind me. Just *carry on* with your work.**
私のことは気にしないで、仕事を続けてください。

Useful Expressions

Please の活用

命令や要求をするときは命令形を使います。命令形は通常、主語のない動詞原形から文を始めます。Go on (続けろ)、Come here (ここにこい)、Don't bother (邪魔しないで)、Take care (身体に気をつけて)、Let me see (今に見ろ) などです。
しかし、このまま命令調で言うと、相手に無愛想で強圧的な印象を与えてしまいがちです。丁寧に話したいときには、頭に please をつけてください。それだけでとても丁寧な表現になります。

- Go on. → **Please** go on.
  続けてください。

- Come here. → **Please** come here.
  ぜひ来てください。

- Don't bother. → **Please** don't bother.
  どうぞおかまいなく。

- Take care. → **Please** take care.
  体に気をつけてください。

- Let me see. → **Please** let me see.
  見せてください？

please を文の最初にもってきて、強調の役割をさせることもできます。このときは、please を強目に発音し、please のあとは区切って話します。たとえば、please を強調しながら、Please, go on. と言うと、「どうぞ、続けてください」となり、大切な要望を強調することになります。

Good job
よくやった、上出来！、いい仕事

A: I've finished all my work for today.
今日すべきことをすべて終えたよ。

B: Good job!
よくやった！

You did a really good job on this report.
このレポートは本当によく書けてるね。

Today my boss gave me a thumbs up and told me I had done a good job. I was so proud.
今日、上司からゴーサインをもらって、いい仕事をしたって言われたよ。嬉しかったな。

Good luck
幸運を(祈って)、がんばってね

▶聴いてみる ▶意味を理解 ▶音読練習

A: I'm participating in a chess competition next month.
来月のチェス大会に参加するんだ。

B: Good luck!
がんばってね！

．．．

Good luck on your job interview!
就職の面接うまくいくといいね！

．．．

A: I hear you're meeting a client in Germany next week.
来週、ドイツからのお客さんに会うって聞いたけど。

B: Yeah, we hope to sign a big deal for the company.
そうなんだ、大きな商談をまとめられるといいんだけど。

A: Well, good luck with that. I hope everything works out well.
幸運を祈ってるよ。全てがうまくいくといいね。

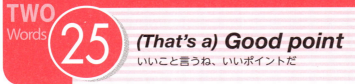

(That's a) Good point
いいこと言うね、いいポイントだ

▶聴いてみる ☐☐   ▶意味を理解 ☐☐   ▶音読練習 ☐☐

A: I think we should cancel our trip to the park. It looks like it's going to rain.
公園に行くのは止めたほうがよさそうだよ。今にも雨が降ってきそうだ。

B: Good point.
まったくだね。

・・・

A: If he didn't want to go out with me, then why did he kiss me?
私とつき合いたくないのに、彼はなんで私にキスしたの？

B: Good point. I guess he wasn't an honest guy.
まさにそうだよ。思うに、彼は誠実な男じゃないんだよ。

・・・

A: Mr. Richardson, I think we should hire a new employee to design our website. It looks old and unattractive.
リチャードソンさん、ウェブサイトをつくれる人を新たに雇った方がよさそうですね。今のサイトは古くさくて、つまらないですよ。

B: That's a good point. I'll think about it.
まさにその通りだ。検討してみよう。

Useful Expressions

How + 形容詞

感嘆文は how と形容詞の組み合わせで表現します。以下の例文のように、感動の気持ちや、怒り、驚きの気持ちをそのまま表現するのが目的なので、できるだけ短くするとよいでしょう。思いを伝えようとして、思わず出る言葉なので自然な言い回しであることが大切です。

◆ How annoying! 　まったくうるさいなぁ！

There's a fly buzzing around in here. How annoying!
ここら辺、ハエが飛び回ってる！　うるさいなぁ、まったく。

◆ How boring! 　めちゃくちゃ退屈！

We've been watching this movie for three hours. How boring!
3時間もこの映画、観てるんだけど、なんて退屈なんだ！

◆ How embarrassing! 　なんて恥ずかしい！

A: That girl's underwear is showing and she doesn't know it.
あの娘、下着が見えてるのに、気づいていないみたいだ。

B: How embarrassing!
やれやれ、恥ずかしい！

◆ **How interesting!**　すごい面白い！　興味深い！

    A: Did you know that a cucumber is made of over 90% water?
        キュウリは90％が水でできていること、知ってた？

    B: **How interesting!**　ええ、それは面白い！

◆ **How romantic!**　なんてロマンチックなの！

    A: My wife always holds my hand when we walk down the street.
        ２人で道を歩くとき、妻はいつも私の手を握るんだ。

    B: **How romantic!**　まぁロマンチック！

◆ **How sweet!**　なんて優しいの！　すてき！

    A: I wrote you this letter to tell you how much I like you.
        どれだけ君のことが好きかを伝えたくて、この手紙を書いたんだ。

    B: **How sweet!**　あら、すてき！

◆ **How thoughtful!**　気がきくね！

    A: I bought you a big blanket, since I heard your apartment had no heating.
        君の部屋には暖房がないって聞いたから、大きな毛布を買ってあげたよ。

    B: **How thoughtful!**　気がきくのね！

◆ How ridiculous!　とんでもない！

　A: **My mother told me I wasn't allowed to date a foreign woman.**
　　私の母は、私が外国の女性と付き合うのを反対するんだ。

　B: **How ridiculous! That's so old-fashioned.**
　　とんでもない！古くさい考え方だね。

◆ How tacky!　悪趣味だな！　なんてください！

　Wow, a leopard-print bikini… how tacky…
　ヒョウ柄ビキニなんて、すごい…悪趣味！

Guess what?
聞いてよ、何だと思う？

▶聴いてみる ☐☐ ▶意味を理解 ☐☐ ▶音読練習 ☐☐

A: Guess what?
聞いてよ。

B: What?
何？

A: I got an A on my biology exam!
生物の試験、Aだったんだ！

A: Guess what I just heard!
今、知ったんだけど何だと思う？

B: What?
何の話？

A: "Ben and Jerry's" is giving away free ice cream today!
「ベン＆ジェリー」のアイスクリームが、今日はただなんだって！

You'll never guess what John gave his girlfriend for White Day.
ジョンがホワイトデーに、彼女に何をあげたか、絶対に分からないと思うよ。

Guess what? は話題を切り出すときに使える便利な表現です。とはいえ、自分がどんな話を切り出そうとしているのか、相手に言い当ててもらうことを期待して言っているわけではありません。Guess what? と切り出された相手は、これからどんな話を聴かせてもらえるのだろうと期待しつつ、あなたの言葉に耳を傾けてくれますよ。

TWO Words 27 — *Hands off*
手を出さない、触れない

A: Can I eat this cake?
このケーキ食べてもいい？

B: Hands off!
ダメ、手をつけないで！

Keep your hands off that woman, that's my wife!
その女性に手を出すな！ 私の妻だ！

Our boss takes a hands-off approach to business.
私たちの上司は、仕事のやり方には一切干渉しない。

hands-on は、実際に現場で何かをするという意味の practical と同じ表現です。a hands-off approach（干渉せずに、他人に任せるやり方）と、a hands-on leadership style（自分がすべてに関わって、リーダーシップを発揮するスタイル）を比べてみると、この意味がはっきりわかるでしょう。

This internship will give you *hands-on* experience working in a law firm.
このインターンシップで、実際の弁護士事務所での仕事の経験を体験できるでしょう。

TWO Words 28

Happy anniversary
記念日おめでとう

▶聴いてみる　▶意味を理解　▶音読練習

A: I've been married to my wife for 15 years today.
妻と結婚して、今日で15年です。

B: Happy Anniversary!
結婚記念日おめでとう！

・・

Happy Anniversary, darling! I can't believe it's been 50 years.
結婚記念日おめでとう！ 結婚して50年なんて信じられないわ。

・・

We started this company 25 years ago and it's still going strong. Happy Anniversary, everybody!
25年前にこの会社を始めて以来、今も順調だ。皆さん、25周年おめでとう！

+PLUS

anniversary は毎年迎える記念日であれば、何にでも使える言葉です。とくに誕生日、結婚、葬儀、または創立記念日、歴史的な事件や「死」を記念するときによく使われます。

To commemorate the 100th *anniversary* of Mahler's death, our record company is releasing a new recording of his symphonies.
マーラー逝去100周年記念として、弊社では、新録した交響曲のアルバムを発売する予定です。

2013 marks the 150th *anniversary* of the Battle of Gettysburg, an important event in the American Civil War.
2013年は、アメリカの南北戦争の重大事件、ゲティスバーグの戦いから150年という節目の年です。

TWO Words 29

Heads up
気をつけて、危ない！、注意して

▶聴いてみる ▶意味を理解 ▶音読練習

Heads up, the teacher is coming!
気をつけろ、先生が来たぞ！

Just a quick heads up, we'll be having a meeting next Monday to discuss our budget.
来週の月曜日に予算会議を開きますので、事前にお知らせします。

Heads up! The CEO is coming down to the office this morning, so everyone, look alive.
注目！ 午前中に CEO がオフィスにくることになっていますので、みな、元気いっぱいでお願いします。

Heads up は「気をつけてください、注意してください」（最初の例文）から、「注目してください」（3つ目の例文）、「事前に予め公示します」（2つ目の例文）という意味まで、他者の注意を引くときに使える便利な表現です。Keep your chin up、または Chin up は、困難な状況に置かれた人を励ますときに使われる表現なので、混同しないでください。

Chins up, team! We haven't lost this game yet.
元気を出そう！ まだ、この試合は負けたわけじゃない。

TWO Words 30 *Hold it*
ちょっと待って / じっとして、動くな

▶聴いてみる ▶意味を理解 ▶音読練習

◆ wait / stop / stand still　待つ、停止する、静止する

A: Hold it!
止まって！

B: What?
何ですって？

A: You can't enter that room, it's private.
その部屋はプライベートなので、入れませんよ。

◆ hold it　そのまま保持している、その状態を保持する

Here's my address book. Hold it while I look for a pen.
私のアドレス帳です。ペンを探すからちょっと待って。

A: I have to go to the bathroom. Could you hold my place in line?
トイレに行ってきます。私の順番をとっておいてもらえますか？

B: Sure, I'll hold it for you.
分かった、とっておくから。

That's a great pose. Hold it while I get my camera ready!
いいポーズだ。カメラを持ってくるからそのままで！

Useful Expressions

How + 副詞

〈How + 副詞〉構文は、距離、長さ、時間、費用、量などをたずねるときに使います。

◆ **How far? (distance)**　　どのくらい遠く？　（距離）

   A: **How far** is Shinjuku station from here?
      新宿駅までここからどのくらい離れていますか？

   B: Not very far, around 200 meters.
      そんなに遠くないです。200メートルほどです。

     How far can you throw this baseball?
     この野球ボールをどのくらい遠くまで投げることができる？

◆ **How long? (time or length)**
どのくらい？どのくらい長く？（時間または長さ）

     How long have you been waiting here?
     ここでどのくらいの時間待っていますか？

     How long does it take for this flower to bloom?
     この花が咲くのにどれくらい時間がかかる？

     How long is the Great Wall of China?
     万里の長城はどのくらい長いのですか。

◆ **How much? (amount or cost)**
どのくらいの量？　価格はいくらですか？（量または価格）

     How much does this hat cost?　　この帽子はいくらですか？

     How much can we fit in this box?
     この箱にはどのくらいの量、入りますか？

A: I want to buy some sugar.　砂糖を買いたいんですが。

B: **How much?**　どれくらい必要ですか？

A: 1 kilogram. **How much** will that cost?
1キロほど。おいくらですか？

◆ How many? (amount of individual items)
いくつ？（個別の数量について）

A: Could you pass me a napkin?　ナプキンちょっととってくれる？

B: **How many?**　何枚？

A: Just one or two is enough.　1、2枚で十分です。

How many times do I have to tell you not to leave your toys at the dinner table?
食卓におもちゃを置きっぱなしにしたらダメって、何度言ったらいいの？

副詞の前に否定語 not を置いて、反対の意味を表すことができます。たとえば、あることを「よく、たくさん」行う、という意味の often の前に not をつけると「ほとんどしない」という意味の rarely のような意味になります。

◆ Not much　あまり、そんなに

A: Is it raining outside?　雨が降っているのかな？

B: **Not much.** Just a light shower.　そうでもない、にわか雨だよ。

Business is pretty slow, so there's **not much** going on at work these days.
景気がよくないせいで、最近は仕事もあんまりないんだ。

◆ Not often (describes frequency)
(頻度が) あまり / ほとんどない、珍しい

A: How often do you go to the dentist?
歯医者にはどのくらいの頻度で行きますか？

B: Not often. I'm terrified of going to the dentist.
時々。歯医者に行くのは怖いんだ。

A: Hey, it's snowing outside!
あれ、外は雪が降ってるよ！

B: Wow, it's not often you see snow in April.
うわ、4月に雪が降るなんてそんなにあることじゃないよ。

◆ Not yet (describes time)　(時間的に) まだ

A: Can I come in?　入ってもいい？

B: Not yet! I'm not dressed!　まだダメ！着替えてないの！

This film has not yet been rated.
この映画はまだ評価されてないです。

Hold on
ちょっと待って / 物を確実に預かる / しっかりつかむ

▶聴いてみる　▶意味を理解　▶音読練習

◆ wait/stop　　（待ったり、休みながら）ちょっと待って

A: Let's go, the light is green.
行こうよ、信号が青だよ。

B: Hold on, I need to tie my shoelaces.
ちょっと待って、靴のひもを結ぶから。

A: Cindy told me I was the most handsome man at the office.
シンディがオフィスで一番かっこいいのはおれだってさ。

B: Hold on… she said the same thing to me!
ちょっと待てよ…、おれにも同じことを言ってたぞ！

◆ keep something for safekeeping　　物を確実に預かる

Hold on to this bag, and give it back to me later.
この鞄を預かっておいてください。あとで返してください。

◆ hold on to something　　しっかりつかむ

Hold on to the handle in case the car suddenly brakes.
突然、車が急停止したときは、ハンドルをしっかりつかんでおきなさい。

+PLUS

「止まれ」と言いたいときに Hold it とすれば、より劇的な印象を与えます。そのため、非常時で声を張り上げるようなときに使われます。Hold on はものごとをもう少し落ち着いて行う、再考してみようというときに使う言葉です。

TWO Words 32

How come?
どうして？ なぜ？

▶聴いてみる ☐☐   ▶意味を理解 ☐☐   ▶音読練習 ☐☐

A: I won't be able to meet you this weekend.
今週末は会えないと思うよ。

B: How come? どうして？

A: I have to work overtime. 時間外の仕事があるから。

A: Were you late for work this morning? 今朝、遅刻したの？

B: Yeah. そう。

A: How come? なんで？

B: There was a lot of traffic on the freeway.
高速が渋滞してたのよ。

A: How come you never phone me these days?
最近、どうして電話くれないの？

B: Sorry, I've been busy with work.
ごめん、仕事が忙しかったんだ。

+PLUS

How come? は Why? と同じ意味です。ただし、あとに続く文は疑問文ではなく、平叙文の形になるという点が違います。一般的に、疑問文は動詞を先にもってきます。しかし、How come? の場合、疑問文ではあっても、平叙文のように主語で始まる文が続きます。

- **Why *is* the bus late?** バスがなぜ遅れているのか？ 《疑問文の構造》
- **How come *the bus* is late?** バスがどうして遅れているのか？ 《平叙文の構造》

How's business / life / everything?
仕事はどう？ / 調子はどう？ / 元気にやってる？

▶聴いてみる ☐☐ ▶意味を理解 ☐☐ ▶音読練習 ☐☐

A: **How's business?**
仕事は順調？

B: **Terrible, this recession is killing me.**
ひどいもんだよ。この不景気でたまんないよ。

A: **How's everything?**
元気にやってる？

B: **Things are great! Never been better.**
今までになく最高にうまくいってるよ。

A: **How's life?**
調子はどう？

B: **Not bad. I'm doing pretty well these days. And you?**
悪くないよ。ここ最近はいい感じだけど、きみはどうなの？

+PLUS

下の例のように How is のあとにはさまざまな名詞が続きます。このとき、たずねている対象が単数 (wife) であれば How is を、複数 (kids) であれば How are を使用しなければならないということに注意してください。

・*How's* the wife?	奥さまはいかがですか？
・*How are* the kids?	子どもたちはどうですか？
・*How's* your health?	健康はどうですか？
・*How's* the old neighborhood?	昔に住んでいた近所の方はどうですか？
・*How's* your golf handicap these days?	最近あなたのゴルフのハンディキャップはいくつですか？

TWO Words 34: *I agree / disagree*
その通り、そう思います / 同意できない、反対です

▶聴いてみる ▶意味を理解 ▶音読練習

A: Young people should be more respectful to their elders.
若い人たちは、高齢者をもっと敬うべきだよ。

B: I agree.
同感です。

A: I'm tired of going on blind dates. There are no good men left in the world.
合コンに行くのも飽きたわ。まともな男はもう残っていないもの。

B: I disagree. There are plenty of nice guys left.
そんなことないさ。まともな人はたくさんいるよ。

A: The government should do more to help the city's homeless.
政府は、もっとこの町のホームレスを支援するべきだと思うけど。

B: I agree with your opinion, but there's no simple solution to that problem.
私も同感だけど、問題解決は簡単ではないな。

A: I hate Janet. She talks too much and I disagree with everything she says!
私はジャネットが嫌いだ。彼女はおしゃべりで、彼女の言うことにはほとんど同意できないよ！

B: I agree, but since we work with her, we have to get along.
それはわかるけど、いっしょに働いているんだからうまいことやらないと。

35 *I promise*
約束して

▶聴いてみる ▶意味を理解 ▶音読練習

A: I will definitely remember your birthday this year.
今年はきみの誕生日を覚えておくから。

B: You promise?
約束よ？

A: I promise!
約束するさ！

A: Do I have your word that you will come to my party?
パーティーに間違いなく来てくれる？

B: Of course. I promise!
もちろん。約束する！

I promise not to eat any more cakes until I've lost ten kilograms.
10キロ痩せるまで、いっさいケーキを食べないと約束するわ。

+PLUS

約束の信憑性を表す表現として、I swear（誓います）や Cross my heart（誓います）があります。さらに、約束が確実なのかをたずねる表現としては、Do I have your word?（本当に信じていいの？）があります。この質問に対しては I give you my word.（約束するよ）、または You have my word.（約束するよ）と答えます。ここでの my word は自分の「名誉にかけて行う約束や誓い」を表しているのです。

Useful Expressions

I'm ＋ 形容詞

I'm のあとにさまざまな形容詞を置いて、自分の気持ちや感情をより鮮明に、簡単に表現することができます。

◆ I'm confused　分からない、困惑している

 A: I'm confused. Are we meeting on Monday or Wednesday?
  分からなくなったわ。会うのは、月曜日だった、それとも水曜日？

 B: Wednesday. I have a previous engagement on Monday.
  水曜日だよ。月曜日は、別の約束があるんだ。

◆ I'm full　お腹がいっぱい

 Dinner was delicious. I'm full!
 夕食はおいしかったけど、お腹いっぱい！

 I'm full of hope for the future.
 私は未来への希望に満ちている。

◆ I'm late!　遅れる！

 I don't have time to talk to you right now. I'm late!
 今、君と話す時間はないんだ。遅れちゃいそうなんだ！

◆ I'm lost!　迷う！

 I'm lost. I don't recognize any of these buildings!
 迷ったらしい。この辺りの建物にはまったく見覚えがないよ。

◆ **I'm nervous**　緊張する、不安だ

> **I'm nervous** about the interview. I've heard it's really hard to get a job at that company.
> 面接があるから、すごく緊張してるんだ。あの会社に就職するのはすごく難しいって話だからね。

◆ **I'm scared**　怖い

> **I'm scared** of pigeons. They are so dirty!
> 鳩が怖いんだ。鳩は汚いからな！

◆ **I'm serious**　真剣だ、本気だ

> A: You must be kidding!
> 冗談だろ！
>
> B: No, **I'm serious**.
> いや、本気だ。

> **I'm serious**, I won't ever forgive you for this.
> 本気で、お前のことは絶対に許さないからな。

TWO Words 36 — I'm joking/kidding
冗談だよ / ほんの冗談です

▶聴いてみる ▶意味を理解 ▶音読練習

A: I'm going to get my nose pierced.
鼻にピアスすることにしたよ。

B: No, you can't do that!
ダメ、しないでください！

A: Relax, I'm kidding!
落ち着いてよ、冗談だから！

A: How dare you make fun of my big ears!
私の耳が大きいことをばかにするなんて！

B: I'm just joking. Don't take yourself so seriously.
ほんの冗談だよ。あまり真剣に受け止めないでよ。

A: Mom, I'm pregnant!
ママ、私、妊娠した！

B: WHAT!?
何ですって!?

A: Just kidding!
冗談よ！

*No kidding は p.97 を参照してください。

Exercise

A: **Jenny, I think you might have an eating disorder.**
ジェニー、君は拒食症じゃないの？

B: **Me? No, I'm just naturally skinny.**
私が？ そんなことない、生まれつき痩せ型なのよ。

A: **Look, *I'm not kidding* around. I'm concerned about your health.**
いいかい、私はふざけてるんじゃない。君の体のことを心配してるの。

It hurts
（体または心が）痛い、つらい

▶聴いてみる ▶意味を理解 ▶音読練習

A: Is there something wrong with your arm?
腕のどこか悪いのですか？

B: It hurts.
痛いんです。

A: You should see a doctor.
病院に行ったほうがいいですよ。

I don't feel well. It hurts every time I cough.
気分が悪くて、咳をするたびに痛むんです。

It hurts me to tell you this, but you didn't get accepted to the college of your choice.
お伝えするのが辛いですが、あなたは希望の大学に受かりませんでした。

Exercise

A: **Did that bee sting you? Try not to scratch it.**
ハチに刺されたの？ ひっかかないで。
B: **It really hurts!** すごく痛い！

A: **To be honest, I think it is your own fault that your girlfriend left you.**
率直に言うけど、ガールフレンドが去っていったのは、君自身のせいだよ。
B: **That really hurts,** I thought you were my friend.
まいったな、君のことは友だちだと思っていたのに。

TWO Words 38

Keep dreaming
夢を見続ける / まだ夢を見ているのか、そんなこと起こるわけないよ

▶聴いてみる ☐☐ ▶意味を理解 ☐☐ ▶音読練習 ☐☐

A: I think I have a good chance of entering Yokohama National University.
私は横浜国立大学に入れる可能性が高いと思っています。

B: Ha, keep dreaming!
そっか、夢を見続けてなよ！

・・・

A: Mitsuo said he wants to enter a TV talent show and become a famous musician.
満雄は、テレビのスター発掘番組に出て、人気ミュージシャンになりたいんだって。

B: Keep dreaming, Mitsuo! That'll never happen.
満雄には夢を見続けさせておけばいいよ。そんなこと起こるわけないから。

・・・

A: When I finish high school, I want to be a flight attendant.
高校を卒業したら、フライト・アテンダントになりたいの。

B: Keep dreaming! You're way too short to be a stewardess.
まだ夢をみているのかい！ スチュワーデスになるには背が低すぎるのに。

Keep dreaming. は、反語法として使われる表現です。反語法というのは、反対の内容を述べることで、逆に自分の考えを強く相手に知らせることです。この場合、一般的な話法とは違い、単語に強勢を置いて誇張して発音します。上記のダイアログでも見られるように、**Keep dreaming.** は言葉どおり相手に夢を見るようにと励ます表現ではありません。それよりも、むしろ夢を見ている人に対して「夢から覚めて現実を直視すべきだ」という意味で使われるのです。

Kind of / Sort of
少し、ある程度

▶聴いてみる □□　▶意味を理解 □□　▶音読練習 □□

A: Did you meet your girlfriend yesterday?
昨日、彼女に会った？

B: Sort of. I met her but only for fifteen minutes.
まあね。会ったけど、15分だけだった。

・・・

A: Is it true that Danish and Norwegian are very similar?
デンマーク語とノルウェー語って、似てるって本当？

B: Kind of. The grammar is the same, but a lot of the vocabulary is different.
ある程度はね。文法は同じだけど、使う単語はかなり違うんだ。

・・・

I'm not sure what I think of the new president's policies, but I kind of like her as a person.
新しい大統領の政策をどう評価するかは微妙ですが、人間として彼女のことは好きです。

Exercise

A: So, tell me why you decided to break up with Melanie.
なんでメラニーと別れることにしたのか教えてよ。

B: Ok, I'll try to explain, but it's *kind of* a complicated story.
わかった、話すよ。でも、それなりに複雑な話なんだ。

I don't know what *sort of* food they serve here, but it looks expensive.
どんな料理が出てくるのか知らないけど、高そうね。

+PLUS

言及されている内容が部分的にしか事実でないときや、全面的に同意したくないとき、あるいは特別な語感を与えたいときに使う表現です。2つ目のダイアログのように使われるときには、ある種の共通した事物や人のカテゴリーを指しています。

I don't like the *kind/sort/type of* kids that my son is hanging out with after school.
息子が放課後につきあっているような子どもたちははどうも気に入らない。

*hedging (曖昧にすること) については、p.162を参照してください。

Let go
離して、手放す

▶聴いてみる ▶意味を理解 ▶音読練習

A: Give me a hug!
ハグしてよ！

B: Let go! I don't want to!
離して！ そんなことしたくないわ！

Jimmy, let go of that stray cat! It doesn't want to play with you.
ジミー、野良猫から手を離しなさい！ 猫はお前と遊びたがっているわけではないの。

A: I had to let go of my daughter when she moved to Tokyo to study.
娘が勉強しに東京に行くことになって、親元を離れていったんだ。

B: Yeah, it's tough, but we all have to let go of our kids once they reach a certain age.
そう、辛いけど、子どもがある年齢に達したら、手放すのはしかたないことよね。

この表現は物理的な対象を手放すというときに使うのが一般的ですが、3つ目のダイアログのように何かを、または誰かを心情的に放してやるというときにも使われます。同様に、He / She was let go. とすると、「会社で人を首にする」を意味する婉曲表現になります。

A: I heard that Yasuko was *let go* last week.
靖子は先週、首になったって聞いたよ。

B: Yeah, they fired her because she never finished her work on time.
そう、彼女は一度もしめ切りまでに仕事を終えなかったから首になったらしい。

Let's go
(さぁ)行こう

▶聴いてみる ▶意味を理解 ▶音読練習

A: Are you ready to leave?
出かける準備はできた？

B: Let's go!
行こう！

Come on team, let's go!
さあさあ、(チームの) みんな、行くぞ！

I need to get out of the house. Let's go for a drive in the countryside this weekend.
家から抜け出したいのよ。この週末は田舎にドライブに行きましょう。

Let's go は 2 つ目のダイアログのように、ある任務を遂行している人たちを鼓舞するときに使うことができます。Let's go に他の言葉を続けたい場合には、前置詞を置かなくてはならないということを覚えておいてください。

Let's go + -ing	>>	***Let's go* swimming.** 泳ぎに行こう。
Let's go to + 場所	>>	***Let's go* to a museum.** 博物館に行こう。
Let's go for + 名詞	>>	***Let's go* for a walk.** 散歩に行こう。

TWO Words 42

Looking good
よさそう / よし / よさげ

▶聴いてみる ▶意味を理解 ▶音読練習

A: How are the ski conditions?
スキーできそう？

B: **Looking good.**
大丈夫そうよ。

A: Then let's go!
じゃ、行こう！

You're looking good today; your skin is really clean.
今日のあなたはとても元気そうね。本当に肌がきれい。

A: How is the design for the poster coming along?
ポスターのデザインはどんな様子ですか？

B: **It's looking pretty good.**
順調に進んでいると思います。

A: Alright, keep up the good work.
よかった、そのままいい仕事を続けてください。

TWO Words 43 — Me too
私も

▶聴いてみる ▶意味を理解 ▶音読練習

A: I'm so bored by this party.
このパーティーは退屈だよ。

B: **Me too.** Let's leave soon.
私も。さっさと出ましょうよ。

A: I want to go to the beach this weekend.
この週末は、ビーチに行きたいな。

B: **Me too.** Why don't we go together?
私も。いっしょに行かない？

A: My daughter wants to get her ears pierced already, but I think it's too early.
娘はもう耳にピアスをあけたがっているのだけど、ちょっと早すぎると思っているんだ。

B: **Me too.** She's only 8.
私もそう思います。まだ8歳じゃない。

Exercise

A: **Keep warm until I see you next time.**
今度会うときまであったかくしてね。

B: **You too. Try not to catch a cold!**
君も。風邪を引かないように！

A: **I bought a new TV yesterday.**
昨日、新しいテレビを買ったんだ。

B: **You too? Everyone is buying a new TV these days.**
あなたも？ 最近、みんなテレビを新しくするのね。

PLUS

I を使用して、自分の意見や希望を表現している人に相槌をうちながら応答するとき、Me too. を使います。他者の意見に同意するときに使える別の表現には I agree. があります。anytime は、ある時点を表す語で、「いつでも」という意味です。

A: **The jury found him guilty of murder.**
陪審員はその人を殺人の罪で有罪としました。

B: **I agree. It's obvious that he's the killer.**
同意します。彼が殺人者であることは明らかです。

Useful Expressions

ご馳走する、御礼を言う

食事のときに使える簡単な表現です。

◆ **My treat**　私のおごりで

    A: **Who will pay for lunch today?**　今日の昼食は誰が払う？

    B: **My treat.**　私が出すよ。

    A: **Thank you!**　ありがとう！

    Order anything you want; it's my treat.
    何でも好きなものを注文して；私のおごりで

    A: **Do you want to go 50/50 (fifty-fifty)?**　割り勘にしようか？

    B: **Please, let me pay tonight. It's my treat.**
    今夜は私に払わせてください。おごりますよ。

インフォーマルな表現としては、**It's on me.** があります。この表現は **This bottle is on me.**（この酒は私がおごるよ）、**The next round (of drinks) is on me.**（次の酒は私がおごるよ）のように主語の位置に名詞を置くこともできます。

◆ **It's on me**　私のおごり、おごります

    Eat all you can, it's on me!
    好きなだけ食べて、私がおごります！

    A: **How much do I owe you for the drinks?**
    飲み代はいくら払えばいいの？

    B: **Don't worry, it's on me. You can pay next time.**
    気にしないで、おごるよ。次のとき、払ってよ。

しかし、自分がおごりたくないときは、次のように言えばよいでしょう。

◆ Separate checks.　別勘定で

    A: **How would you like to pay?**　どのようにお支払いされますか？

    B: **Separate checks, please.**　別々の勘定でお願いします。

    A: **Since you didn't eat much, we should split the bill.**
    あなたはそんなに食べてないから、勘定は分けましょう。

    B: **That's a good idea. Let's ask for separate checks.**
    いいですね。別々の勘定にしましょう。

イベントや夕食などにお客様を招待して、思う存分、食べたり飲んだりしてほしければ、次のように言いましょう。

◆ Help yourself.　どうぞ召し上がれ

    A: **May I please have some more food?**
    もう少し食べ物をいただいてもいいですか？

    B: **Help yourself!**
    どうぞ召し上がれ。

    Please help yourself to any of the snacks on the table.
    テーブルに用意したお菓子はどれでも食べてください。

    You don't need to wait for permission to eat, please help yourself!
    いちいち確かめないで、好きなだけ食べてください！

最後に、食事を終えてお腹いっぱい食べて、お礼の挨拶になったら、次のように答えればよいでしょう。

◆ **You're welcome / No problem** (p.98) / **Don't mention it** (p.169)
どういたしまして、問題ないよ、お礼はいいよ

    A: Thanks for dinner, I had a great night.
        夕食をありがとう、とてもいい夜でした。

    B: **You're welcome.** どういたしまして。

◆ **My pleasure / It was my pleasure**
どういたしまして

    A: Thank you for your hospitality.
        おもてなしに感謝します。

    B: **My pleasure!** どういたしまして！

    A: **It's my pleasure to** introduce tonight's guest speaker, Mr. Landry.
        今夜のゲストスピーカー、ランドリーさんをご紹介します。

    B: Thank you, **it's my pleasure** to be here tonight.
        ありがとうございます。今夜、この場にいることができて光栄です。

    They kept thanking me for buying them dinner, but **it was my pleasure**.
    夕食をごちそうしたことを彼らはずっと感謝してくれるんですが、こちらこそ嬉しかったのです。

    It was a pleasure to meet you.
    お目にかかれて光栄です。

Never mind
気にしない、心配しない

▶聴いてみる ☐☐ ▶意味を理解 ☐☐ ▶音読練習 ☐☐

A: What did you say?
何って言ったの？

B: Never mind. It wasn't important.
気にしないで。大したことじゃないから。

A: Do you still need me to reserve a hotel room for you?
ホテルの予約はまだ必要ですか？

B: No, never mind. I canceled my trip.
気にしないでください。旅行は取りやめたので。

A: I'm so sorry I spilled water on the table!
すみません、テーブルに水をこぼしてしまいました！

B: Never mind. It won't leave a stain.
気にしないでくださいよ。シミも残らないだろうし。

Exercise

A: **Ah, it looks like it's going to rain.**
ああ、雨が降りそうだね。

B: ***Never mind*** **the weather (forget the weather). We have more important things to think of right now.**
天気のことは気にしないで。私たちには、考えなければいけないもっと重大なことがあるんだから。

Nice try
惜しい

A: If you invest money in this pyramid scheme, you can get returns of up to 250%!
このネズミ講に投資すれば、最大250％ものリターンがあるよ！

B: Nice try! I'm not falling for that.
残念！ そんなことにだまされないわよ。

A: Can you guess how old I am?
私の年齢を当ててみてよ。

B: Hmm… thirty-three?
うーん…33歳？

A: Nice try, but I'm actually thirty-five.
まぁまぁね、本当は35歳よ。

You missed the goal, but it was a nice try. Better luck next time!
ゴールを逃したものの、試みは良かった。次は運が回ってくるよ！

Exercise

A: **Dad, if you let me borrow your car, I'll promise to drive carefully.**
お父さんの車を借りたら、注意して運転するよ。

B: **Nice try, but no cigar.**
よい提案だが、だめだよ。

PLUS

既出の Keep dreaming. と同じく、Nice try. もまた、反語的な意味がある表現です。1つ目のダイアログにその語感がよく現れています。

TWO Words

46 No kidding
冗談じゃない / 本当かい？ / 全くその通り

▶聴いてみる ▶意味を理解 ▶音読練習

A: My mom looks so young that people often mistake her for my wife.
私の母はとても若く見えるので、よく妻と間違えられるんだ。

B: Hmm, no kidding! That must be strange for you.
まあ、本当に？! それは変な感じだろうね。

Dad: Ok, let's take a nice family photo. I want to see big smiles from everyone.
さあ、家族写真を撮ろうよ。みんな、いい顔して笑って。

Mom: Yeah, no kidding around this time, got it?
今度はふざけないでよ、分かった？

Son: Alright Mom, I'll be serious this time.
分かってるよ、ママ、今度は真面目にするよ。

A: Wow, this dish is super spicy.
わぁ、この料理はとっても辛いよ。

B: No kidding! My eyes are watering.
本当！ 涙が止まらないわ。

+PLUS

No kidding. は自分の考えをアピールしようとする表現ではありません。相手に真剣なのかどうかをたずねているのではなく、1つ目のダイアログのように驚きをさらっと表現したり、2つ目のように真剣さや信憑性を示すとき、あるいは3つ目のように同意や同感を表すときに使います。同意や同感を表す表現として、You're not kidding! があります。

A: **Man, Fred sure goes to the bathroom a lot.**
なんだよ、フレッドはよくトイレに行くな。

B: ***You're not kidding!*** **That's the 3rd time I've seen him leave his desk this morning.**
その通りね！ 今朝だけで3回もデスクを離れてるのを見たわ。

TWO Words 47

No problem
大したことない、大丈夫、問題ありません

▶聴いてみる ▶意味を理解 ▶音読練習

A: Thanks for lending me your pen.
ペンを貸してくれてありがとう。

B: No problem.
大したことないよ。

・・

A: I accidentally left my library book at home.
図書館で借りた本を間違えて家に置いてきてしまいました。

B: No problem. You can bring it tomorrow.
大丈夫です。明日、持ってきてください。

・・

I was very nervous beforehand, but the test turned out to be no problem.
試験の前は緊張してたのですが、いざ始まると問題なかったです。

Exercise

I have *no problem* with the neighbors upstairs. They're nice people.
すぐ上の階の住人は何も問題ありません。いい人たちです。

48 No sweat
どってことない / お安いご用だ、平気だよ

▶聴いてみる ☐☐ ▶意味を理解 ☐☐ ▶音読練習 ☐☐

◆ Do not worry.　心配しないで。

A: I'm sorry I spilled coffee on you.
ごめん、きみにコーヒーをこぼしちゃった。

B: No sweat, it was an old shirt.
心配しないで、古いシャツだから。

・・

A: I feel bad about visiting your place without bringing a housewarming present.
新築祝いも持たないで家を訪ねたりして、すみません。

B: Don't sweat it. This is just a casual affair.
気にしないで。カジュアルな集まりだから。

◆ No problem（it's not difficult）
何でもない、大丈夫（難しいことではない）

A: Can you reach that book on the top shelf for me?
本棚の一番上にある本をとってくれる？

B: Sure, no sweat.　いいよ、お安いご用。

no sweat を使った表現には、It's no sweat off my back. があります。この表現は No sweat. とはまったく意味が違います。It's no skin off my nose. と変化させて使うこともできますが、この表現は、他人のことなので「私が知るわけない、自分とは関係ない」という意味になります。

A: Our manager said he is going to alphabetize all of the old files by himself.
部長が自分ひとりで古いファイルをアルファベット順に整理するって言っています。

B: Well, *it's no sweat off my back*. Let him waste his time on that if he wants to.
さて、私の知ったことじゃないな。自分でしたいって言うなら、やらせればいいさ。

TWO Words 49

No use / It's no use
役に立たない、用をなさない / 仕方がない

A: There are mosquitoes everywhere in my apartment.
アパート中に蚊がいるみだいだ。

B: Did you try a spray?
スプレーはした？

A: No use! It doesn't help.
役に立たないさ！ 全然、効かないよ。

It's no use. I've tried everything, but I can't get the lid off this jar.
仕方がない。いろいろやってみたけど、このジャーのふたは外せないわ。

It's no use thinking about the things you could have done. You have to be satisfied with the choices you've made.
できなかったことを考えても仕方ないことだ。自分が選んだことに満足すべきだよ。

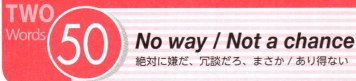

No way / Not a chance
絶対に嫌だ、冗談だろ、まさか / あり得ない

▶聴いてみる ▶意味を理解 ▶音読練習

A: Can I kiss you?
キスしていい？

B: No way! Your breath stinks!
嫌よ！ 口臭があるんだもの！

There's no way I'll be able to make it to work on time.
時間までにやり遂げるのは無理だ。

A: Will you be able to finish the term paper by the 21st?
21日までに期末のレポートを終わらせることができる？

B: Not a chance. I'll have to cram the night before.
無理だよ。前の晩に詰め込みで勉強しなきゃいけないんだ。

Exercise

A: **Your favorite singer is playing a concert here next month.**
あたなの好きな歌手が、来月ここでコンサートをやるってさ。

B: *No way!* I didn't know that!
本当に！ 知らなかったよ。

TWO Words 51 — *No wonder*

当然だよ、驚くに値しない、無理もない

▶聴いてみる ▶意味を理解 ▶音読練習

A: I think I'm in love with Yumi Takei.
武井由美を好きになったみたいだ。

B: **No wonder!**
驚かないよ！

A: Mom, I've caught a cold.
ママ、風邪ひいちゃったみたい。

B: **No wonder!** I saw you running around in the rain.
当たり前よ！ 雨の中、走っているのを見たもの。

It's no wonder he's so good at piano. He's been playing since he was nine.
彼がとてもピアノがうまいのは驚くほどのことではない。9歳から練習しているのだから。

TWO Words 52 — *Not bad*
やるじゃないか / (まんざら) 悪くない

▶聴いてみる ▶意味を理解 ▶音読練習

A: I just got my TOEIC score 810.
TOEIC のスコア、810点だったよ。

B: Not bad!
やるじゃない！

A: I finished all my homework in one hour.
1時間で宿題を全部やった。

B: Not bad. It took me twice that long.
やるなぁ。私は2倍の時間がかかったよ。

Even though it was my first time surfing, I was not too bad.
サーフィンしたの初めてだったわりには、まんざら悪くなかったよ。

Exercise

A: **Check out my pirouette.**
私のピルエットを見てよ。(バレエで)

B: **Hey, that's *not bad!* You're a pretty good dancer.**
わぁ、うまいわね！ 踊るの上手だわ。

TWO Words 53

Not likely / It's unlikely
とんでもない、そんなはずはない

▶聴いてみる ▶意味を理解 ▶音読練習

A: Do you think the boss will give me a raise?
社長は、私の給料を上げてくれると思う?

B: Ha, not likely!
まさか、そんなはずないでしょう!

A: Do you think we could cross the river here?
ここから川を渡ることができると思う?

B: It's unlikely. The water is too deep.
とんでもない。かなり深いよ。

It's not likely that I'll be able to get that position. There were hundreds of applicants.

その職に就ける可能性はあまり高くないでしょうね。申し込んだ人が何百人もいたらしいから。

+PLUS

あることが起きる可能性がどのくらい確実かを示す表現がいくつかあります。次の表現は上から下へ行くほど確実性が低くなります。

High certainty 高確実性

Low certainty 低確実性

- **It's certain/guaranteed.** 確実だ、保証されている。
- **It's expected.** 期待されている [予想される]。
- **It's likely.** おそらくあり得る。
- **It's possible.** 可能性はある。

Not me
私じゃない / 私は違うけど

A: Who broke my priceless vase?
私の大事にしていた花瓶を割ったのは誰?

B: Not me!
私じゃない!

My coworkers accused me of farting, but it was not me!
いっしょに働いている人が、私がおならをしたって言うんだけど、私じゃない!

A: Can you help me with this assignment?
この宿題やるの手伝ってくれない?

B: Ask your teacher, not me.
私じゃなくて、先生に頼んだら。

Useful Expressions

インフォーマルなメッセージ・スラング

ここ数年、メッセージを書くときに使用するスラングをインフォーマルな会話でも使用する若者が増えています。次の表現は厳密に言えば単語ではなく略語ですが、O-M-G のように綴りを1字ごと発音するのもよく耳にします。

OMG = Oh my God	何てことだ
WTH = What the hell	何とまあ、どうにかなりそうだ
BRB = (I'll) Be right back	戻ってくる
ASAP = As soon as possible	できるだけ早く
LOL = Laugh out loud	大笑いする
FYI = For your information	参考として
IMO = In my opinion	私の考えでは、私の意見としては
RSVP = please respond	フランス語由来の言葉で、「返信を望む」という意味。招待に対して、出席するかどうかを答えてほしいときに使用する。

A: Wow, that guy just jumped over a car on his skateboard.
　　わっ、あいつ、スケートボードに乗ったまま、車を飛び越えたぞ。

B: OMG! That was sick!　なんてことだ！ それヤバくない。

A: WTH, my computer crashed again!
　　勘弁してくれよ、またコンピュータがクラッシュした！

B: IMO, you should turn it off once in a while or it'll overheat.
　　思うに、時々、コンピュータの電源は切ったほうがいいよ。でないとオーバーヒートするよ。

A: FYI, I just got the invitation to your party.
　　参考までにだけど、あなたのパーティーの招待状を受け取ったわ。

B: Cool, please RSVP ASAP.
　　よかった、なるべく早く出席できるか教えてね。（ASAP は A-S-A-P のように1字ずつ発音することも、[éisæp] と発音することもあります）

【注意】こうした表現を使うと、ティーンエイジャーのような印象を与えるかもしれません。それが嫌なら、このような略語は使わず、正しい表現を使いましょう。

Not really
あんまり / 別に / それほどでもない

A: Do you like spicy food?
辛い食べ物は好きですか？

B: Not really. I eat it sometimes when I have to, but it's not my favorite.
そうでもないな。どうしてものときは食べるけど、大好物とは言えない。

A: Do you want to go to the movies?
映画を観に行きたくない？

B: Not really. There's nothing interesting showing these days.
そうでもない。あんまり面白そうな映画は、最近やってないから。

A: I think we should start dating.
本気で付き合うべきじゃない、私たち？

B: Sorry, I'm not really looking for a girlfriend these days. I'm happy to be single.
ごめん、今のとこ付き合う気はないんだ。一人を楽しんでいたいのさ。

Exercise

A: Mr. President, did you call your opponent a liar?
大統領、対立相手のことを嘘つきよばわりしましたか？

B: That's *not really* what I meant. The newspapers misquoted me.
そんなつもりはありませんでした。新聞が誤って報道したのです。

TWO Words 56 — *Of course*
もちろん、言うまでもなく

▶聴いてみる ▶意味を理解 ▶音読練習

A: May I take one of these mints?
ミント（キャンディ）をもらってもいい？

B: Of course.
もちろん。

A: Do you think they'll serve kimchi here?
この店ではキムチも出すか知ってる？

B: Of course. You can't serve Korean food without kimchi.
もちろんだよ。韓国料理といえば、キムチが付き物だからね。

Of course I've heard of Michael Jackson, he's one of the most famous performers of all time.
もちろん、マイケル・ジャクソンのことは聞いたことがあります。史上最高の歌手ですからね。

Oh well
そうか〜 / まあともかく / まあいいけど

▶聴いてみる　　　▶意味を理解　　　▶音読練習

A: Sorry sir, this is not a winning lottery ticket.
残念ですが、これは当選券ではありませんよ。

B: Oh well…
そうか〜

A: Sorry coach, I tried my best, but the other guy was much faster than me.
コーチ、すみませんでした。頑張ったのですが、周りは私よりずっと速かったです。

B: Oh well, you can't win 'em all.
そういうこともあるさ、どんな勝負もみんな勝てるわけじゃない。

*'em は them を弱く発音するときの表記

A: I'm sorry, your plane is delayed because of a snow storm.
申し訳ありませんが、大雪のせいで飛行機が遅れています。

B: Oh well, there's nothing we can do about that. Let me know when it is ready to take off.
ああ、そう、仕方ないですね。離陸準備ができたら教えてください。

TWO Words 58 — *Oh yeah?*
ああ、そうですか？ / そうかなぁ？

▶聴いてみる ▶意味を理解 ▶音読練習

A: That movie broke all the records at the box office.
その映画は、今までの興行記録を塗り替えたんだ。

B: **Oh yeah?**
えっ、そうなんだ？

A: Yeah, really! It's very popular all over the world.
そっ、本当に！ 世界中で大人気なんだ。

A: If you don't leave me alone, I'm gonna punch you!
放っておいてくれないのなら、殴るわよ！

B: **Oh yeah?** I'd like to see you try.
ああ、そう？ やってみろよ。

*gonna は going to の口語表現

A: I went on a date with a sexy woman last night.
昨晩、セクシーな女性とデートしたよ。

B: **Oh yeah?** My friend told me he saw you sitting in a PC café all night.
ああ、そうなの？ 君が PC カフェに一晩中、座っていたって友だちが言ってたよ。

Once more
もう一度

[at rehearsal　リハーサルで]

A: OK, the song is starting to sound good now.
オーケー、歌はよくなってきてるぞ。

B: Once more?
もう一度やりますか？

A: Yep, let's try it once more from the top.
そうだな、最初からもう一度やってみよう。

I'm only going to say this once more, so listen up!
一度しか言わないから、よく聞きなさい！

OK everyone, let's shoot that scene once more. Start from the beginning of scene 2.
オーケー、皆さん、もう一度このシーンを撮ることにしよう。シーン２の頭から始めるぞ。

Exercise

A: **Wow, that roller coaster was amazing!**
わお、ジェットコースターは最高だったよ！

B: **One more time!**
じゃあもう１回！

A: **Ok, let's try it again.**
いいよ、もう一度乗ろう！

TWO Words 60 — *Pretty bad*
かなり悪い、あまりにもひどく

▶聴いてみる ▶意味を理解 ▶音読練習

A: How are you feeling these days?
最近の調子はどう？

B: Pretty bad.
良くないよ。

A: I'm sorry to hear that.
それはお気の毒に。

・・・

Erina injured her ribs. It sounds pretty bad, I think she's in the hospital.
恵里菜が肋骨を怪我したんだ。（怪我の具合は）かなり悪いらしく、入院してるよ。

・・・

This cold is getting pretty bad, I can barely breathe.
この風邪はかなりたちが悪くて、息もろくにできないんだ。

形容詞を強調するとき、pretty あるいは quite をよく使います。

- Hey, this song is *pretty good*. Who is the singer?
  ねぇこの歌、最高にいいね。誰が歌ってるの？

- The CG in that movie was *quite awful*.
  あの映画の CG はまったくだめだったな。

- I'm a little ashamed of my work. My presentation was *pretty average*.
  あんな仕事をして恥ずかしいよ。私のプレゼンテーションは、まったく平凡だったな。

- I wasn't expecting much from that TV show, but the first episode was *quite decent*.
  あのテレビ番組はあんまり期待してなかったんだけど、第 1 回目のエピソードは結構よかったよ。

Right away / Right now
すぐに、今すぐに

A: When do you want me to send this letter?
この手紙はいつ出したらいいの？

B: **Right away!**
今すぐよ！

A: All right, I'll do it now.
わかった、今やるよ。

Call your mother right away, she's worried about you!
今すぐ、お母さんに電話をしなさい、あなたのこと心配してるから！

You shouldn't wait until the last day to do your work, start right now!
ギリギリ最後の日まで待つのではなくて、今すぐにやりなさい！

Exercise

A: **When does the show start?**
そのドラマはいつ始まるの？

B: **Right now! Turn on the TV.**
ちょうど今まさに！ テレビつけてよ。

TWO Words 62

Say when
ちょうどいい時に言ってください

▶聴いてみる ▶意味を理解 ▶音読練習

A: Say when… [*pouring wine*]
ちょうどいい時にそう言ってください…［ワインを注ぎながら］

B: Ok, that's enough.
このくらいでいいです。

A: Just say when. [*serving food*]
ちょうどいい時にそう言ってください。[食事を配りながら]

B: That's fine. I'm not that hungry today.
このくらいで。今日はそんなにお腹がすいていないから。

Ok, I can help you move this weekend. Just say when, and I'll be there.
オーケー、この週末の引っ越しを手伝うよ。いつ行けばいいか教えてよ。

+PLUS

この表現は、相手に本当に「いつ」なのかという返事を期待している言葉ではありません。その代わりに、Thanks（ありがとう）、That's enough（十分です）、That's fine（それでいいのです）のような簡単な返事をします。

TWO Words 63

See you / See you later / See you around
(では)またね、じゃあね

▶聴いてみる □ □ ▶意味を理解 □ □ ▶音読練習 □ □

A: I'll see you at school tomorrow.　明日学校で会おうね。

B: See you!　またね！

・・・

A: It was nice meeting you.　お会いできてうれしかったです。

B: You too. See you around!　私もです。それではまた！

*Yoo too. は It was nice meeting you, too. の略

・・・

A: I have to go to the store and pick up some groceries.
食料品を買いに、店に行かなくてはいけません。

B: Alright, I'll be here when you get back. See you later!
分かりました、戻るまでここにいますよ。それじゃ、後で！

＋PLUS

See と meet の使い方を迷うことがあると思います。一般的に、誰かと初めて会うときには meet を使い（Nice to meet you. / お会いできてうれしいです）、その後から Good to see you again.（またお会いできて嬉しいです）のように see を使うとされています。ただ、下記のダイアログのように、あらかじめあった約束について話すときには、meet を使うことができきます。

A: Bye, *see you around!*　こんにちは、また会おうね！

B: Yeah, *I'll see you* at church this Sunday as usual.
うん、いつものように今週の日曜日に教会で。

A: Hey, wanna have lunch together this weekend?
ねぇ、週末にいっしょにランチに行かない？　　　*wanna = want to

B: Ok, *let's meet* after church this Sunday.
わかった、日曜日の教会の後に会おうよ。

TWO Words 64 — Since when?
いつから？

A: I've started taking English lessons.
英語のレッスンを受け始めたんだ。

B: Since when?　いつから？

A: It's only been two weeks so far.
まだほんの 2 週間だよ。

A: Since when did you start smoking?
いつからタバコを吸い始めたの？

B: I've been smoking for a year.
この 1 年、吸ってるのよ。

Since when did they build a Starbucks here? I never noticed it before.
スターバックスはいつからここにあった？ 全然気づかなかったよ。

PLUS

〈前置詞＋疑問詞〉の形で、さまざまな質問をするときに使える表現です。

I bought a birthday present.	誕生日プレゼントを買った。	*For whom?*	誰への？
I bought a new book.	新刊を 1 冊買った。	*By whom?*	著者はだれ？
I sent you an email.	メールを送りました。	*About what?*	何のことで？
I need a screwdriver.	ドライバーが必要だ。	*For what?*	何のために？
I'm starting a new job.	新しい仕事を始める。	*From when?*	いつから？
The letter should arrive soon.	手紙はすぐに届く。	*By when?*	いつまでに。
I'm looking for a new apartment.	新しい部屋を探している。	*Around where?*	どのあたりで？

Shut up
黙れ、うるさい

▶聴いてみる ▶意味を理解 ▶音読練習

A: Haha, look at that fat girl over there!
ハハ、あのおデブちゃんを見ろよ！

B: Shut up! You're a jerk.
黙りなさい！ あなたって最低。

A: What bus should we take? Hurry up, we have to be there in 10 minutes!
どのバスに乗ったらいいの？ 急いでよ、あと10分であそこにいないといけないの！

B: Shut up, I'm trying to concentrate. I think it's bus number 114.
うるさいよ、集中してるんだから。114番のバスだと思うよ。

A: This film is so bad! Why did you bring me here?
この映画、最低！ なんで連れてきたの？

B: Shut up, everyone is looking at us. You're embarrassing me.
うるさい。周りから見られているぞ。恥ずかしいだろう！

Shut up. はインフォーマルな言葉でぶしつけな感じです。相手にちょっと話すのをやめてほしいようなときは、より丁寧な表現である Be quiet を使います。

TWO Words 66

Slow down
ゆっくり / 落ち着けよ、分かったから

▶聴いてみる ▶意味を理解 ▶音読練習

A: **Slow down!**
ゆっくり（歩いて）！

B: What's wrong?
どうしたの？

A: I can't walk as fast as you.
あなたみたいに速く歩けないわ。

....

A: For Christmas I want a pony, a doll, a computer, a CD, new clothes...
クリスマスには、子馬も欲しいし、人形でしょ、コンピュータにCD、新しい洋服も…

B: **Slow down** kiddo! That's too much!
分かったから（落ち着いて）！　それはあんまり多すぎるだろ！

....

If you don't **slow down when** you eat, you might choke on your food.
ゆっくり食べないと、のどに食べ物を詰まらせちゃうよ。

Exercise

You need to *slow down* and think about your life, before you make any more reckless decisions.
無謀な決断をする前に、少し落ち着いて、自分の人生について考えた方がいいよ。

Something's wrong
何かが悪い、何か問題だ

A: You look upset.
イライラしてるみたいね。

B: Something's wrong. I can't start my car.
どこかがおかしくて、車のエンジンがかからないんだ。

A: I tried to call Charlie, but he didn't pick up.
チャーリーに電話したんだけど、電話に出ないのよ。

B: Maybe something's wrong.
何かあったのかもしれないな。

A: I hope not, I'll try again later.
何もないといいけど。後でまた電話してみるわ。

I think something's wrong with me. I can never study for more than 20 minutes.
私、本当にダメなんです。今までに20分以上、勉強したことがないのです。

+PLUS

仕事やある状況において何か失敗したり、普通とは違うようだと感じるとき、インフォーマルに使える表現として、Something's up.（何かあったの？）があります。

Something's up with the computer, I can't turn it on.
コンピュータが何かおかしいよ、つかないんだ。

A: The office seems really quiet today.
今日はオフィスがいやに静かだけど。

B: Yeah, *something's definitely up*. Where is everyone?
そうね、何かがあったんだわ。みんなはどこに行ったの？

68. So what?

だから何？ それがどうした？

A: You just threw that trash on the street!
道にゴミを捨てたな！

B: So what?
だから何？

A: That's illegal!
違法なんだよ！

A: I ate all my food in less than 10 minutes!
10分で全部食べちゃった！

B: So what? Mr. Sakurai finished his meal in half that time.
それで？ 桜井さんは、その半分の時間で食べたよ。

A: I saw you walking around here on the night of the robbery.
強盗事件があった日の夜、あなたがあの辺を歩いていたのを見たよ。

B: So what? That doesn't prove anything.
だから何か？ それじゃあ、何の証拠にもならない。

Sounds great/terrible
それはいいな、よかった！ (それは)ひどい

▶聴いてみる ▶意味を理解 ▶音読練習

A: I'll be staying at a 5-star resort in Fiji.
フィジーの5つ星リゾートに泊まるんです。

B: Sounds great. I wish it were me…
それは良さそうだね。私も泊まりたいな…

・・

A: My book just reached number 1 on the bestsellers list.
私が書いた本がベストセラーリストで1位になったよ。

B: That sounds great. You're a lucky guy.
すごいじゃない、うらやましい。

・・

A: I'm planning to invest in a renewable energy company.
私は再生可能エネルギーの会社に投資するつもりです。

B: Sounds like a great idea. I hope it works out.
いい考えだね。うまくと行くといいね。

Useful Expressions

人を拒否する、追い払うときに使う表現

これらは、誰かに腹を立ててその人と話したくなかったり、その人が目の前からいなくなってしまえばいいと思うときに使える表現です。

◆ Go away! / Get away!　　いなくなってよ！あっちへ行って！

You've ruined this party! Go away!
あなたのせいでパーティーが台無し！あっちへ行ってよ！

I'm furious with you right now. Get away from me!
今、すごくあなたのこと怒ってるの。私のところからいなくなってよ！

■ こんなふうにも使います！

I have to *go away* on business for a week.
私は1週間の出張に行かなければなりません。

◆ Get lost!　　失せろ！どこかへ行け！

A: Let's go on a date.
　デートしようよ。

B: Get lost, loser!
　目の前から消えてよ、意気地なし！

Some stranger kept asking for my phone number, so I told him to get lost.
見知らぬ人が、私の携帯番号をしつこく聞くから、失せろ、と言ってやったの。

◆ **Leave me alone**　　放っておいて、ひとりにして

    A: Hey, do you know where I can get some drugs?
       ねぇ、どこで薬を買えるか知ってる？

    B: **Leave me alone.**
       放っておいて。

    Even though I'm a famous pop star, I wish the media would respect my privacy and just **leave me alone**.
    私がいくら人気ポップスターだとはいえ、メディアにはもう少し私のプライバシーに配慮して、放っておいてほしい。

これらの表現はどれも否定的な意味合いがある、強い言葉です。**Get lost.** がもっとも強い口調の表現で、それに比べると、**Leave me alone.** は丁寧な表現になります。

同じ意味で拒否する、断る表現でも、さらに攻撃的な言葉には次のような表現があります。

- **Buzz off.**　　消え失せろ。
- **Piss off.**　　立ち去れ。
- **Beat it.**　　さっさと行け。
- **Scram.**　　どこかへ行け。

Stop whining/sulking/complaining
泣き言はやめて / すねないで / 文句を言うのをやめて

▶聴いてみる　▶意味を理解　▶音読練習

A: It's unfair! I should have gotten that promotion.
不公平だ！ 今度は昇進すると思っていたのに。

B: Stop whining.
泣き言は言わないの。

A: If only I had gotten a scholarship, my life would be a lot better...
奨学金を受けられていたら、私の人生ももっと良くなっていたのに…

B: Stop sulking and just get on with your life!
すねてないで、自分の人生を生きていきなさい！

A: My life is so tough these days.
最近、毎日が辛くて。

B: Come on, stop complaining. There are many people who are worse off than you.
しっかり、文句を言わないで。君より辛い人はたくさんいるんだから。

Suit yourself
好きなようにしなさい、勝手にしなさい

▶聴いてみる ☐☐ ▶意味を理解 ☐☐ ▶音読練習 ☐☐

A: I'm feeling ill tonight. I don't want to go to the party.
今夜は気分が悪いから、パーティーには行きたくないな。

B: Suit yourself. I'm going anyway.
勝手にして。どちらにしろ私は行くけどね。

A: I wanted to buy the red dress, but I settled for the blue one.
赤いドレスにしようと思ったんだけど、結局青いのにしたの。

B: OK, suit yourself. I still think the red one was nicer.
わかった、お好きに。でもぼくはやっぱり赤の方がいいと思うけどね。

A: I can't decide which restaurant to pick.
レストランをどこにするか決められないわ。

B: Suit yourself. I'll go with whatever you want.
好きにしていいよ。あなたが行きたいところならどこでも行くから。

Exercise

- It's your choice.
  あなた次第だ。
- It's up to you.
  それはあなた次第だ。/ 判断はお任せです。
- Whatever you want.
  どうぞお好きに。/ 勝手にどうぞ。
- Have it your way.
  お好きなように。/ 勝手にしろ。

PLUS

Suit yourself. は「これ以上話をしたくないので、あなたの思うようにしなさい。私は所詮、関係がない」という意味で使用されます。しかし、3つ目のダイアログのように、本当に「あなたが望むようにどうぞ。私も支援するから」という意味でも使われます。Suit yourself. を It suits you. と混同しないでください。It suits you. は何かが相手の個性や外見によく似合っているというときに使う表現です。

A: Do you like my new skirt?
　私のこの新しいスカートどう思う？
B: Yeah, *it suits you*.　うん、よく似合ってるよ。

I think it *would suit you* to have short hair.
短い髪が君には似合うと思うよ。

TWO Words 72

Take care
じゃあね / 元気でね / 気を付けてね

▶聴いてみる ▶意味を理解 ▶音読練習

A: I'll see you tomorrow!
じゃあ、また明日！

B: Take care!
じゃあ！

Take care of your health, especially in winter.
とくに冬は、体に気を付けて。

Take care not to step on the flowers.
花を踏まないように気を付けて。

Exercise

Please *take care* of my bag while I go to the ladies' room.
トイレに行っている間、私のバッグちょっと見ておいてくれる。

A: **There's a weird guy that follows me home from work.**
会社から家まで変な男がついてきた。

B: **Don't worry, I'll *take care* of him.**
心配しないで。奴の面倒は私がみるから。

+PLUS

take care はとても柔軟に使われる表現です。5つのダイアログにおける意味、強調していることがすべて異なっていることに注意してください。

1. **a general expression of concern or affection.**
   心配や愛情を表す一般的な表現

2. **be careful, show care for something**
   〜に気をつける、注意する

3. **pay special attention to something**
   〜に特別に注意を払う

4. **to look after or protect something**
   〜の世話をする、保護する

5. **to handle or deal with something**
   〜を扱う、処理する

That's all
それだけです、終わりです、以上です

▶聴いてみる ▶意味を理解 ▶音読練習

A: I'll have a cheeseburger and fries.
チーズバーガーとポテトをください。

B: Anything else?
ほかにご注文は？

A: No, that's all.
ありません、それだけです。

A: Are you sure we remembered all the bags and suitcases?
バッグやスーツケースは全部、忘れてない？

B: Yes, that's all of them.
ええ、これで全部よ。

Ok class, that's all for now. Next week, we'll continue our studies from here.
皆さん、今日はこれで終わりです。この続きは来週やります。

Exercise

A: *... and that's how you bake a carrot cake.*
…それで、そういうふうに、キャロットケーキは焼くんだ。

B: *That's all? It's so easy.*
それだけ？ 本当に簡単ね。

A: *Yep, that's all there is to it.*
うん、それだけなんだ。

TWO Words 74

That's enough

もういいよ / たくさんだ、もう結構 / やめなさい

▶聴いてみる ▶意味を理解 ▶音読練習

A: How much pasta should I make? [*while measuring*]
パスタはどのくらい要るかしら？［量をはかりながら］

B: That's enough.
それで十分だよ。

A: Should I prepare more snacks for the guests?
お客様に、もう少しお菓子を用意しましょうか？

B: No, that's enough.
いいえ、もう結構です。

A: I only managed to read half of this book for today's class.
今日の授業で私が読めたのは、本の半分ぐらいだった。

B: That's enough. We won't be reviewing the whole book anyway.
それで十分だよ。どっちにしろ、本全部を参考にするわけではないから。

Exercise

A: **My dog ate my homework.**
うちの犬が、私の宿題を食べてしまったの。

B: ***That's enough!* I don't want to hear any more of your lies!**
いい加減にしなさい！そんな嘘は聞きたくない！

That's crazy/insane/nuts
それはおかしい / ばかげている / くだらない

▶聴いてみる ▶意味を理解 ▶音読練習

A: I truly believe that Bigfoot exists.
ビッグフット* は存在すると信じてるんだ。

B: That's crazy.
それはおかしいよ。

*未確認のヒトに似た動物

A: My boss asked me to work overtime, and take a pay cut.
社長は残業をしろと言うだけでなく、給料もカットするって言うんだ。

B: That's insane. You need to switch companies.
ばかげてる。会社を変わったほうがいいんじゃない。

A: I will only date a man who is over 180cm.
私、身長が180センチ以上の人としか付き合わないの。

B: That's just nuts. You need to be more realistic.
くだらないな。もっと現実を見つめるべきだよ。

Exercise

A: **Can I put this tin foil in the microwave?**
電子レンジにアルミホイルを入れても平気？

B: ***Are you nuts?* Everyone knows that microwaving metal objects is dangerous.**
何言ってるの？ 金属製のものをレンジで加熱したら危ないってことは誰でも知ってるわよ。

TWO Words 76

That's it
そうそう / 図星です / それで終わりだ

▶聴いてみる ▶意味を理解 ▶音読練習

A: So, you mean the adjective goes before the noun?
それなら、形容詞は名詞の前にこなくてはいけないってこと？

B: That's it! You finally get it!
そうそう！ やっと分かったのね！

A: That's it! I can't walk any further.
これで終わり！ これ以上は歩けないよ。

B: Our destination is right around the corner, it's not far.
もう角を曲がったところが目的地だ。そんなに遠くないよ。

OK, that's it for today. Let's continue our studies next week.
さぁ、今日は終わりです。続きは来週やりましょう。

PLUS

もっとあると期待していたのになかった、という失望感を表す場合には、That's it? と反問することができます。p.127の That's all? もこれと同じように失望感や信じられない気持ちを表すときに使います。

That's it? I thought this movie would be longer.
これだけ？ この映画はもう少し長いと思ってた。

A: The fireworks display is over already.
花火はもう終わったわ。

B: *That's all?* We paid a lot of money to see those fireworks.
たったこれだけ？ 花火見物に、ずいぶんお金を払ったのに。

That sucks/stinks
それはひどい / それは最低

A: Can you believe my sister stole my boyfriend?!
妹が私のボーイフレンドを横取りしたなんて信じられる?!

B: **That sucks!**
それはひどい!

A: Sorry, you failed your TOEFL test.
残念ですが、TOEFL テストは落第点でした。

B: **That sucks.** I spent months studying!
何だって、何カ月も勉強したのに!

A: I'm so angry! I showed up for our after-school debate meeting, but no one told me it had been cancelled.
頭にきちゃた。放課後の討論会に顔を出したのに、キャンセルになっていることを誰も教えてくれなかったの。

B: **That sucks so much.** You should find a new club.
それはひどすぎるよ。別の部活を探したほうがいいよ。

TWO Words 78

Time's up
時間切れです、終わりです

▶聴いてみる ☐☐   ▶意味を理解 ☐☐   ▶音読練習 ☐☐

A: Time's up!
時間切れです！

B: Already?
もう？

A: Yes, it's been one hour.
そうだよ、もう1時間経ってるからね。

Time's up! Hand in your answer sheets to the teacher.
終わりです。先生に解答用紙を回してください。

Time's up for today's lesson, I'll see you next week.
今日の授業はここまで。来週、会いましょう。

 PLUS

ものごとが終わったり、ある人に与えた機会がすべて尽きてしまったというとき、代わりに使える表現として、His / Her time is up. があります。

A: I saw Jim clearing up his desk at work today.
今日、ジムが自分の机を片付けているのを見ちゃった。

B: Yeah, I think *his time's up* at this company.
うん、会社を去るときがきたんだな。

79 Too bad
お気の毒な、残念な、それはまずい

▶聴いてみる ☐☐ ▶意味を理解 ☐☐ ▶音読練習 ☐☐

A: It looks like your golf ball went out of bounds.
打ったボールは、どうやら OB（コース外）みたい。

B: Ah, too bad…
ああ、それはまずいな…

*out of bounds = OB

A: Hey, you stole my parking space!
ちょっと、ここは私が停めようとしてたのよ！

B: Too bad, I was here first!
残念ながら、私が先に来てたんだよ！

A: Last night's basketball game was amazing. I scored 23 points.
昨夜のバスケットの試合は最高だったよ。23点、とったんだ。

B: Sounds cool. Too bad I couldn't be there to see it for myself.
かっこいい。見に行けなくて残念だよ。

Exercise

A: **How are you doing these days?**
最近お元気ですか？

B: **Not too bad. I can't complain.**
まぁまぁかな。何とかやってる。

PLUS

too bad は、残念で悔しいけれど、どうにもできない気持ちを表します。しかし、本当に悲劇的な状況で、より真摯な態度をとるべきときには使わないようにしてください。

A: **My mother died.**
母が亡くなりました。

B: **That's too bad.**（×）残念だ。

TWO Words 80 — *Tough luck*
それはお気の毒 / おあいにくさま

▶聴いてみる ▶意味を理解 ▶音読練習

A: I've had a terrible morning. First I stepped in a puddle, and then a pigeon pooped on me.

今朝は最悪だったよ。まず水たまりに足を踏み入れちゃって、その次に鳩にふんをされたんだ。

B: Wow, tough luck.

そりゃ、お気の毒だったね。

A: I can't believe they gave the contract to another salesman. My proposal was much better!

別の相手にあの契約をあげるなんて、信じられない！ こちらのプロポーザルの方がずっと良かったのに！

B: Tough luck, but that's the way the cookie crumbles sometimes.

あおいにくさまだったな。でも、世の中ってときどきそんなものだよ。

Anyone who is caught cheating on their exam will fail immediately. If you think that's unfair, tough luck.

試験で不正行為をした人は、すぐさま不合格になります。それが不公平だと思うなら、おあいにくさまです。

Trust me
大丈夫、信じて

A: Are you sure that this is the right subway line?
本当にこの地下鉄でいいの？

B: Trust me.
大丈夫。

A: Be careful with those power tools. You might get hurt.
その電気器具の扱いには気を付けて。ケガをするよ。

B: Trust me. I know what I'm doing.
大丈夫、ちゃんと分かってやってるから。

I need to let my girlfriend know that she can trust me in any situation.
ガールフレンドには、どんな状況でもぼくを信じてればいいということを、知っていて欲しいんだ。

TWO Words 82 — *Try again*
さらに試みる、もう一度やる

▶聴いてみる ▶意味を理解 ▶音読練習

A: I can't complete the last level of this video game.
このビデオゲームの最後のレベルをどうしても終えられないんだ。

B: Try again!
もう一度やってみたら！

A: OK, I'll try one more time.
さて、挑戦してみるか。

A: Is this the right answer?
これが正しい答えなの？

B: Not quite, try again.
間違ってるから、もう一度やってみて。

The first time I tried baking a cake it tasted terrible, but I want to try again!
初めて作ったケーキは、全然おいしくなかったけど、もう一度試してみたいと思ってるの！

Watch out / Look out
気をつけて / 用心する

Watch out! That car almost hit you!
気をつけて！ もう少しで車にぶつかるところだったよ！

Watch out when you go outside today, the sidewalks are very slippery.
今日は外に出るときは気をつけて、歩道が滑りやすくなってる。

You have to **look out for** steep surfaces when you go hiking.
登山に行くなら、急な斜面は気をつけた方がいいよ。

Exercise

A: **What's your opinion of Bill? He keeps contacting me after work.**
ビルのことどう思う？仕事の後にしょっちゅう電話をかけてくるのよ。

B: ***Look out* for that guy. He has a pretty bad reputation.**
彼には気をつけて。評判がかなり悪いから。

A: **OK, *I'll be on the lookout* in case he does anything strange.**
彼が変なことしないよう注意しておくわ。

Well done
よくやった、さすがだ

A: OK, I've finished doing the dishes.
オーケー、皿洗いは終わったよ。

B: Well done.
ご苦労さま。

A: Wow, that was my third big sale today.
やった、今日で3つ目の大きな商談をまとめたぞ。

B: Well done. I'll tell the boss about how well you've done this month.
さすがだ。きみの今月の働きは、社長に報告しておきます。

A job well done is its own reward.
仕事がうまくいったことは、それ自体が報いだ。

Exercise

Good job. / Nice work. / Way to go.   よくやった、お疲れ様

We'll see
(それは）どうかな、（様子を）みよう

▶聴いてみる ☐☐ ▶意味を理解 ☐☐ ▶音読練習 ☐☐

A: Mommy, will Santa Claus come to our house for Christmas?
ママ、クリスマスにサンタクロースは来る？

B: We'll see.
どうかしらね。

A: Do you think Debbie will show up tonight?
デビーは今晩、来るかな？

B: We'll see. She is supposed to meet us here, but she's quite forgetful.
どうかしら。ここで会うことにはなってるけど、忘れっぽいからね、彼女。

A: I think the new project manager will completely turn this company around.
新しいプロジェクト・マネージャーは、会社を完全に立て直すつもりらしいな。

B: Who knows? We'll just have to wait and see.
やってみなきゃ分からないんじゃない？ しばらく様子を見てましょうよ。

A: Junpei says he can beat you at arm-wrestling.
淳平が腕相撲したら、君に勝てるって言ってたわよ。

B: We'll see about that. No one has ever beaten me yet.
お手並み拝見だな。ぼくは今まで誰にも負けたことないからね。

Useful Expressions

文脈によって理解すべき表現

文法的な機能はなくても、会話をスムーズにしたり、文脈を理解する手がかりにするために、使われる単語があります。

例として、話し手が思案中だということを示すために、少し間合いを与えるつなぎ言葉 (filler words) があります。日本語では「うーん」、「えー」、「あの」、「うーむ」などがこれに当たります。英語では uhm (うーむ)、uh (あー)、er (えー) などが頻繁に使われます。

oh (あー)、well (うーむ、えーと)、yeah (そのとおり)、then (じゃあ)、you know (あのー、でしょ)、I mean (つまり、だから) のような言葉は、会話をスムーズにする目的でも、頻繁に使われます。次の２つの文章を比べると、その違いが分かるでしょう。

- **She is not a good person.** その女性は良い人ではない。

- **Well, you know, she's not really a good person.**
  まあ、だからって、その女性はよい人とはいえないよ。

１つ目の文は、人を判断するという感じがしますが、２つ目の文は、文頭に Well, you know と入れるだけで、相手の共感を求めようとしていることがわかり、人を判断するという側面を弱めています。このような語は感嘆詞としても使われますが、相手が言ったことにつなげて、文頭で使うこともできます。

相手の話を興味深く聴いているということを示すために、聴いている側もこの種の言葉を使います。英語圏で、比較的よく使われている英語表現を見てみましょう。ただし、文脈や使用する状況、また文化が違うと意味合いが変わってしまいますので、正しい文脈で使うよう心がけることが大切です。

- ふう　　　　　= Phew!
- おっと！あら！= Oops
- おー、おや　　= Oh!
- うわ！わあ！= Whoa
- えーと　　　　= Well / hmm
- とにかく　　　= Anyway / In any case / Anyhow
- えーと　　　　= Well / then / in that case

- はははは　　　= Ha haha / lol（大声で笑う）
- うわ！わあ！= Wow!
- あーっ！　　　= Oh no!
- だから　　　　= So / therefore

(Now) We're even
(これで) おあいこだ、貸し借りはない

▶聴いてみる ▶意味を理解 ▶音読練習

A: You broke my pencil! You have to buy me a new one.
私の鉛筆を折ったわね。新しいのを買ってよ。

B: But you lost my pen last week.
でも先週、ぼくのペンをきみは失くしたじゃない。

A: Hmm, okay, we're even.
ははーん、それなら貸し借りなしということね。

My brother finally paid me the money he owed me, so we're even now.
弟がやっとお金を返してくれたから、これで貸し借りなしだ。

A: Here's the last of the clothes you loaned me. Are we even now?
これが、借りていた最後の洋服よ。これでおあいこね？

B: Yes, now we're even.
そうだね、これで貸し借りなしだ。

TWO Words 87

What else?
他にも？ 他に何か？

▶聴いてみる ▶意味を理解 ▶音読練習

A: I'd like a hot dog and a coke.
ホットドッグとコーラをください。

B: What else? 他には？

A: That's all. それだけです。

A: What else do I need to bring on this trip?
他に何か、旅行に持っていくものがありますか？

B: I think you should bring an extra pair of shoes.
もう1足、替えの靴を持っていくといいですよ。

A: You need to exercise regularly.
定期的に運動をした方がいいですよ。

B: What else can I do to improve my health?
健康に良いことは他に何がありますか？

A: I'd advise you to stop eating salty food.
食事は塩分を控えるといいですよ。

A: Julian has a plan to make easy money.
ジュリアンは楽して金を儲けようとしてるんだ。

B: What else is new? That guy is always up to something.
いつものことじゃない？ あいつはいつも何か企んでるからね。

What's that?
何と言ったの / もう一度言って / それは何？

▶聴いてみる ▶意味を理解 ▶音読練習

A: **What's that?**　それは何？

B: That's the new photocopier. It just arrived this morning.
新しいコピー機だ。今朝、届いたんだ。

———

A: **What's that** over there?
あそこにあるあれは何ですか？

B: That's the Tokyo Skytree. It's impressive, isn't it?
あれは東京スカイツリーですよ。すごいでしょ？

———

A: I just added some new songs to my iPod.
ちょうど iPod に新しい曲を入れたところなの。

B: **What's that?**
何のこと？

A: You don't know what an iPod is? It's the best MP3 player on the market.
iPod が何か知らないの？ MP3 のプレーヤーで、最も優れてるものよ。

B: MP3, **what's that?**
MP3、それって何？

Exercise

A: ***What's that*** **strange noise I hear?**
あの奇妙な音は何ですか？

B: **I don't know. It sounds like it's coming from the other room.**
なんだろう。別の部屋から聞こえてきてるみたいだけど。

89 What's wrong?
どうかした？ / 何が問題なの？

▶聴いてみる ▶意味を理解 ▶音読練習

A: Ow!
痛い！

B: What's wrong?
どうかしたの？

A: My stomach hurts.
お腹が痛い。

What's wrong with that girl? She can't stop sneezing.
あの子は一体どうしたのだろう？ くしゃみが止まらないみたいだけど。

Everyone is so selfish. That's what's wrong with people these days.
多くの人が自分のことしか考えない。最近の人たちの問題だな。

相手を悩ませている問題が何かをたずねる表現です。

- **What's bothering you?** なぜ困っているの？ どうかしたの？
- **What's eating you?** どうしたの？ 何を悩んでいるの？
- **What's the matter?** どうしたの？ 何が問題なの
- **What's the problem?** 何が問題なの？

What's up?
元気だった？ / 何かあった？

▶聴いてみる □□ ▶意味を理解 □□ ▶音読練習 □□

A: **What's up?**
　元気だった？

B: Nothing much. Just watching TV.
　いつも通りね。テレビばっかり見てたわ。

A: **What's up with** that new student?
　新しく来た生徒はどうしてる？

B: Yeah, she seems a little strange.
　うーん、彼女はちょっと変わってるね。

A: **What's up with** all the construction work in Urawa?
　浦和の建設工事はどんな様子かい？

B: I don't know. They're renovating a lot of old buildings, I guess.
　知らない。古い建物を建て替えているみたいだけど。

PLUS

1つ目のダイアログの What's up? は安否をたずねる How have you been?（どのようにお過ごしですか？）のような意味で、より気安く使うことができる言葉です。このように気安く相手の安否をたずねるには次のような表現があります。

A: ***What's new?***　　　　　　何か変わったことは？　元気にしてた？
B: **Same old, same old.**　　　いつもと同じ、変わらない。

A: ***What's cooking?***　　　　調子はどう？　変わったことあった？
B: **Nothing much. Just the usual.**　別に。いつも通りだよ。

このような質問は常に返事を期待しているわけではありません。修辞的な質問のことも多く、また2つ目、3つ目のダイアログのように、あることに対する一般的な状態や状況をたずねるときにも使用します。

TWO Words 91

Who cares?

誰も気にしないさ？ どうでもいいじゃない？

▶聴いてみる ▶意味を理解 ▶音読練習

A: That guy spat on the street!
あの人、道に唾を吐いたわ！

B: Who cares?
どうでもいいじゃない？

A: I do! It's disgusting.
私は気になるの！ 最低よ。

Who cares about that guy's problems? He's always whining.
あの男の問題なんてどうでもいいじゃない。彼はいつもめそめそしてるし。

A: You shouldn't spend money on gambling.
ギャンブルにお金をつぎ込むのは止めたほうがいいわ。

B: As long as it doesn't hurt anyone, then who cares?
誰にも迷惑をかけてないんだから、どうでもいいだろ？

Exercise

A: I can't believe you have holes in your socks.
靴下に穴が開いてるなんて信じられない。

B: As long as you're a good person, then *who cares* what your clothes look like?
人間性がよければ、着るものがどうであれいいじゃない？

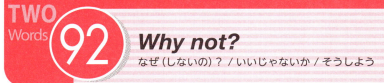

Why not?
なぜ（しないの）？ / いいじゃないか / そうしよう

▶聴いてみる ▶意味を理解 ▶音読練習

A: I don't like that new employee. 新しく入った社員はどうも好きになれないわ。

B: **Why not?** なぜ？

A: I don't think she's qualified for the job.
彼女はあの仕事はできないと思うからよ。

A: I'm trying to figure out what's troubling my mom. She seems stressed out these days.
お母さんが何に困っているのか知りたいんだ。最近、イライラしてるから。

B: **Why not** just ask her? ただお母さん聞いてみればいいじゃない？

A: Do you think I should bother applying for a scholarship?
奨学金を申請した方がいいと思う？

B: **Why not?** It can't hurt. もちろん。ダメ元じゃないの。

+PLUS

1つ目のダイアログでは、Why not? は否定文について理由をたずねるために使用されています。否定文とは don't、can't、shouldn't、または never、hardly、rarely のような否定語を含む文を指します。

A: **I think we should break up.**
（肯定文）私たち別れた方がいいと思う。

B: **Why not?**（✗）
⇨ **Why?** なぜ？

A: **I <u>don't</u> think we should date anymore.**
（否定文）私たちもう付き合うの止めた方がいいよ。

B: **Why not?** なぜ？

A: **This is my piano, but I <u>rarely</u> play it any more.**
これは私のピアノだけど、ほとんど弾いてないの。

B: **Why not?** なぜ？

TWO Words 93 — *You bet*
確かに / まさにその通り

A: Could you help me finish eating this cake?
ケーキを食べるの手伝ってくれない？

B: **You bet!**
もちろん！

A: Do you like to watch soccer?
サッカーの試合、見るのは好き？

B: **You bet I do!**
もちろん好きだよ！

A: Would you like to try some of my fried chicken?
フライドチキン、少し食べない？

B: **You bet I would**, I love chicken!
食べたかったの！ チキン、大好き！

Exercise

A: I heard your brother is starting his own company.
君のお兄さんが、会社を設立したって聞いたけど。

B: ***You can bet your bottom dollar*** he'll find a way to ruin it. That guy is terrible with money!
彼がそれで破滅することは断言できるな。彼はお金の扱いがひどいからね！

You chicken
弱虫め / 怖がりめ

A: Let's try that roller coaster!
ジェットコースターに乗ってみよう！

B: The really tall one? I'm too scared.
あんな高いところの？ 怖いよ。

A: You chicken!　弱虫なんだから！

A: I don't want to go swimming. The water looks cold.
泳ぎたくないよ。水が冷たそうだ。

B: You're chicken! Just jump in!
意気地なし！ ただ飛び込めばいいの！

A: I'm not chicken. I just hate cold water.
弱虫じゃないよ。ただ、冷たい水が嫌なんだ。

Jeff always talks about how brave he is, but he's such a chicken.
ジェフは自分は勇気があるというけど、実はすごい弱虫なんだよ。

Exercise

Mark told everyone he was going to perform at our school assembly, but he *chickened out* at the last minute.
マークはみんなに全校集会でパフォーマンスをやるって言ったのに、間際になって怖じ気づいてるんだ。

PLUS

怯えたり、焦ったり、ひどく気をもむ人―つまり臆病者を chicken と呼びます。chicken は名詞としても形容詞としても使えるので、You're a chicken. または You are chicken. と言うことができます。
臆病者を指す言葉のなかで、動物と関連せず、インフォーマルに使える表現として、次のようなものがあります。

- **You coward.**　意気地なしだ。
- **You sissy.**　女々しいな。
- **You wuss.**　弱虫／根性なしだ。

TWO Words 95

You idiot / fool / dummy

大バカ者 / ばかやろう / とんま

▶聴いてみる ▶意味を理解 ▶音読練習

A: Oh no, I've been holding the map upside down. We're lost!
あれ、地図の上下を逆さにしてたよ！ 迷ったみたいだ。

B: You idiot!
ばかねぇ！

・・

A: Mom, I think I've caught a cold.
ママ、風邪をひいたみたい。

B: You fool! Don't you know you should never go out in the cold when your hair is still wet?
おばかさんね！ 髪がぬれたまま、寒い中、外に出たらどうなるか分からない？

・・

A: What are you doing?
何しているの？

B: I'm trying to wash this stain off my sweater.
セーターについたシミをきれいにしようと思って。

A: You should use hot water instead of cold, you dummy.
水じゃなくて、ぬるま湯を使わないと、ばかねぇ。

+PLUS

　3語のなかでは、idiot がもっともよく使われます。fool は多少、文語的なので使用頻度は少ないかもしれません。dummy はこれら2語に比べて、少々幼稚な表現で、愛情がこめられているような語感があります。人を嘲りたいときには idiot の同義語を探してみてください。そうすれば、nincompoop、knucklehead、peabrain、dipstick、schmuck など、どれも奇妙な発音の単語が見つかるでしょう。もちろん、日常生活ではほとんど使われない単語ですが。

(It's) Your choice
あなた次第、自分で決めて

▶聴いてみる ▶意味を理解 ▶音読練習

A: What movie do you want to see?
どの映画が見たい？

B: Your choice.
あなたが選んで。

A: Do you want Thai food, or Vietnamese?
タイ料理とベトナム料理、どちらを食べたい？

B: It's your choice. I've eaten already.
好きなほうにしていいよ。私はもう食べたから。

A: Are you sure you don't mind going to the baseball game with me?
いっしょに野球の試合を見に行ってくれるって本当？

B: It's your birthday, so it's your choice. I'll do whatever makes you happy.
誕生日だから、あなたの好きなように。あなたが喜ぶことをしたいの。

A: In that case… go Dodgers!!
それなら…ドジャースの試合に行こう!!

TWO Words 97

You're exaggerating
大げさ (オーバー) だ

▶聴いてみる ▶意味を理解 ▶音読練習

A: Ow! I think I broke my knee!
痛い！ 膝が折れた！

B: You're exaggerating. It's just a little scrape.
大げさね。ちょっとひざにすり傷をこしらえただけじゃない。

・・・

A: I can't go into the bathroom, there's a huge spider in the shower!
バスルームに入れないよ。シャワーのところに大きなクモがいるんだ！

B: You're exaggerating. It's only a tiny daddy longlegs.
大げさねぇ。ちっちゃなクモじゃない。

・・・

A: I've been waiting here for much too long!
ここでどのくらい待っていたのか知っている？

B: Don't you think you're exaggerating? It's only been 5 minutes.
大げさだとは思わないかい？ まだほんの５分じゃないか。

Exercise

A: ... and then a huge UFO came down from the sky.
…そしたら、巨大な UFO が空から降りてきたんだ。

B: *You're lying.* That never happened.
嘘でしょ。そんなことこれまで一度もなかったわよ。

A: OK, maybe I was exaggerating, but I'm not lying. I really did see a UFO.
まぁ、多少大きく言い過ぎたけど、でも嘘じゃないんだ。UFO を見たのは本当なんだ。

Useful Expressions

電話での会話

電話で話すときに使える決まった表現をいくつか見てみましょう。

◆ **Who's calling? (when answering the phone)**
どちら様ですか？（電話を受けたときに使う表現）

A: Hello, is this Juan?　こんにちは、ジュアンですか？

B: Yes. **Who's calling?**　もしもし、どちら様ですか？

A: This is Brian.　ブライアンです。

B: Brian! Good to hear from you! ブライアン！ 電話をくれて嬉しいよ！

A: Someone's on the phone for you. あなたに電話がかかってますよ。

B: **Who's calling?** 誰ですか？

A: I think it's your mother. お母さんだと思いますよ。

◆ **Speaking (when answering the phone)**
私ですが。（電話を受けたときに使う表現）

A: Is this President Abe? 安倍社長ですか？

B: **Speaking.** 私です。

A: I'd like to talk to Mary Smith in sales.
営業部のメアリー・スミスさんをお願いします。

B: **Speaking.** 私です。

◆ **Speak up**　大きな声で

A: Hello, this is Ms. Lee calling.　こんにちは、こちらはリーですが。

B: **Speak up** please. The reception is bad.
大きな声でお願いします。受信状態が良くありません。

153

Vocabulary

A

a roll of toilet paper [tɔ́:ilit]	トイレットペーパー
accidentally [æksidéntəli]	偶然に
accountant [əkáuntənt]	会計士
accuse A of -ing [əkjú:z]	A が〜したと非難する
Achoo [ɑ:tʃú:]	(擬声語)くしゃみをする音
adjective [ǽdʒiktiv]	形容詞
affair [əfέər]	イベント(集まり)、出来事
agree [əgrí:]	同意する、一致する
alphabetize [ǽlfəbətàiz]	アルファベット順に
anniversary [ænəvə́:rsəri]	記念日
apply for [əplái]	〜に申し込む
approach [əpróutʃ]	やり方、姿勢
arm-wrestling [ɑ́:rmréslɪŋ]	腕相撲
assignment [əsáinmənt]	宿題、課題
awful [ɔ́:fəl]	ひどい、不愉快な

B

bad excuse [ikskjú:s]	下手な言い訳
bad language [lǽŋgwidʒ]	悪口、ひどい言葉
barely [bέərli]	ようやく、かろうじて
be ashamed of [əʃéimd]	〜を恥じている
be qualified for [kwɑ́ləfáid]	〜の資格があると認める、適任である
be satisfied with [sǽtisfàid]	〜に満足している
be scared of [skεərd]	〜を恐れている
be supposed + to [səpóuzd]	〜をすることになっている
be terrified of [térəfàid]	〜恐れをなす、怖がる
Beats me [bi:t]	私は知らない、知るもんか
bee sting [bi: stɪŋ]	ハチ刺され
beforehand [bifɔ́:rhǽnd]	あらかじめ
bestsellers list	ベストセラーリスト
Bigfoot [bígfùt]	米西部にいるとされる全身が毛で覆われた未確認の生き物
biology [baiɑ́lədʒi]	生物学
biology exam	生物学試験
blanket [blǽŋkit]	毛布
bless [bles]	神の加護を祈る、感謝する
bored [bɔ:rd]	退屈した、うんざりした
boring [bɔ́:rɪŋ]	退屈な
bother [bɑ́ðər]	困らせる、悩ませる
break all records [rikɔ́:rd]	記録をすべて破る

Vocabulary

breathe [briːð] 呼吸する、息をする
buzz around [bʌz] 〜の周りを取り巻く

C

calm down [káːm] 落ち着く、静まる
carefully [kέərfəli] 慎重に、注意して
casual [kǽʒuəl] 日常的な、非公式な
charity [tʃǽrəti] 慈善事業、慈善団体
check-up [tʃékʌp] 健康診断
cheer [tʃiər] 応援する、元気づける
cheer someone up 〜を励ます、元気づける
choke on [tʃouk ən] 〜でのどを詰まらせる、窒息する
Civil War [sívəl wɔːr] アメリカ南北戦争
client [kláiənt] 依頼人、顧客
come out / be released [rilíːsd] 出てくる、現れる、公開される
commemorate [kəmémərèit] 祝う、記念する
common [kámən] 一般的な、ありふれた
competition [kάmpitíʃən] 競技、トーナメント
complicated [kάmpləkèitid] 複雑な
concentrate [kάnsəntrèit] (精神を)集中する
condition [kəndíʃən] 状況、条件
connection [kənékʃən] 電話の接続状態
construction [kənstrʌ́kʃən] 建設
continue [kəntínjuː] 続く、継続する
convince [kənvíns] 説得する
cough [kɔ(ː)f] 咳
coward [káuərd] 弱虫
cram [kræm] 一夜漬けをして、詰め込む
cross the street 道を渡る
current [kə́ːrənt] 現在の

D

daddy longleg [dǽdi lɔːŋleg] ザトウムシ（メクラグモ）
dare [dεər] あえて〜をする
debate [dibéit] ディスカッション、討議
decent [díːsənt] まともな、しっかりとした
decision [disíʒən] 決定、決済
definitely [défənitli] 必ず、確かに
demand [dimǽnd] 要求
describe [diskráib] 表現する、描写する
deserve [dizə́ːrv] 〜に値する資格がある
destination [dèstənéiʃən] 目的地
disagree [dìsəgríː] 意見が違う、同意しない
disgusting [disgʌ́stiŋ] 嫌な、むかつくような

Vocabulary

Do I have your word that ~	私に約束しますか？ ～を信じていいのですか？
do the dishes	皿を洗う
donate [dóuneit]	寄付する
dummy [dʌ́mi]	馬鹿、とんま

E

eating disorder [disɔ́ːrdər]	摂食障害、拒食症
elder [éldər]	年配の人、年配の方
electric fence [iléktrik féns]	電気鉄条網（フェンス）
embarrass [imbǽrəs]	恥ずかしい思いをさせる、困らせる
embarrassing [imbǽrəsiŋ]	恥ずかしい
emphasis [émfəsis]	強調、重点
employee [implɔiíː]	従業員、スタッフ
enough [inʌ́f]	十分な
exaggerate [igzǽdʒərèit]	誇張する、おおげさに言う
expensive [ikspénsiv]	高価な

F

face the truth	真実を直視する、真実を受け止める
fail [feil]	～をし損なう、できない
fart [fɑːrt]	おなら、おならをする
favorite [féivərit]	一番好きなもの、ひいきの、得意の
fed [fed]	feed(食事を与える)の過去、過去分詞形
feed a dog	犬に餌をやる
figure out [fíɡjər]	～であるとわかる
finally [fáinəli]	最終的に
finals [fáinlz]	決勝(戦)
fireworks [fáiərwərks]	花火
flirt [fləːrt]	浮気女(男)
fool [fuːl]	バカ
frequency [fríːkwənsi]	頻度
furious [fjúː(ː)əriəs]	激怒した、激烈な
further [fəːrðər]	さらに、もっと

G

get accepted [əkséptid]	受かった、許可された
give someone a thumbs up [θʌmz]	(親指を立てて)OKを出す、合図する
go out with	～と付き合う、交際する
government [ɡʌ́vərnmənt]	政府
groceries [ɡróusəriz]	食品

Vocabulary

H

hallway [hɔ́ːlwèi]	廊下、通路
hate [heit]	憎悪する、ひどく嫌う
head for	～に行く、～に向かって行く
heating [híːtiŋ]	暖房
hiccup [híkʌp]	しゃっくり
homeless [hóumlis]	ホームレス
hospitality [hàspitǽləti]	歓待、おもてなし
housewarming [háuswɔ́ːrmiŋ]	新築祝いのパーティ
hurt [həːrt]	傷つける、不快にする

I-L

idiot [ídiət]	大バカ
impressive [imprésiv]	印象的な、すばらしい
individual [ìndəvídʒuəl]	個々の、個人的な
injure [índʒər]	けがをさせる、～を損なう
insane [inséin]	正気でない、ばかばかしい
IRS	国税庁（Internal Revenue Service）
jar [dʒɑːr]	ジャー、（ガラス）びん、
jerk [dʒəːrk]	愚か者、のろま
job interview	就職の面接
jury [dʒú(ː)əri]	陪審員
kiddo [kídou]	(年下へ親しみを込めて) きみ、やあ、おまえ
lid [lid]	ふた

M-O

make yourself at home	楽にしてください。ごゆっくり。
mark [mɑːrk]	印をつける、マークする
microwave [máikrəwèiv]	電子レンジ、～電子レンジで調理する
millionaire [mìljənɛ́ər]	大富豪、大金持ち
misquote [miskwóut]	誤って引用する
mosquito [məskíːtou]	蚊
napkin [nǽpkin]	紙タオル、ナプキン
naughty [nɔ́ːti]	いたずらな、悪事をする
negation [nigéiʃən]	否定、打ち消し
neighborhood [néibərhùd]	近所、地域
nervous [nə́ːrvəs]	イライラした、緊張した、不安
nuts [nʌts]	気が変な
obvious [ábviəs]	明らか、当然の
out of gas [gæs]	ガス欠
owe them taxes [tǽksiz]	税金を払う義務がある

Vocabulary

P

participate in [pa:rtísəpèit]	〜に参加する
patient [péiʃənt]	我慢する
perform [pərfɔ́:rm]	上演する、演奏する、果たす
performer [pərfɔ́:rmər]	歌手、演奏者、俳優などの舞台で公演する人
permission [pərmíʃən]	許可
photocopying machine	コピー機
pierce [piərs]	ピアスの穴をあける
pigeon [píʤən]	鳩
pirouette [pìru(:)ét]	ピルエット（バレエでつま先で回ること）
poop [pu:p]	〈俗〉(落ちている犬や猫などの）ふん、うんち
position [pəzíʃən]	仕事、役職、雇用
pour [pɔ:r]	注ぐ
pour in	降り注ぐ、集まる
pregnant [prégnənt]	妊娠して
prepare [pripéər]	準備する、段取りを整える
priceless [práislis]	金で買えない、とても高価な
privacy [práivəsi]	プライバシー、内密
private [práivit]	私的な、個人的な
proud [praud]	誇りに思う
prove [pru:v]	証明する
puddle [pʌ́dl]	水たまり
pyramid scheme [pírəmìd ski:m]	ねずみ講（式）

Q-R

quite [kwait]	まあまあ、すっかり、まったく〜な
raise [reiz]	昇給
rarely [réərli]	なかなか〜しない
realistic [rì(:)əlístik]	現実的な、実際的な
reasonable [rízənəbl]	値が適切な、公平な、論理的な
reckless [réklis]	無謀な、大胆な
recognize [rékəgnàiz]	〜だとわかる、認識する
rehearsal [rihə́:rsəl]	演劇、コンサートなどの最終的な練習、リハーサル
renewable [rinjú:bl]	再生できる
renewable energy	再生可能エネルギー
renovate [rénəvèit]	修理する、保守する
reputation [rèpjə(:)téiʃən]	評判
request [rikwést]	リクエスト
respectful [rispéktfəl]	敬意を表す
review [rivjú:]	見直す、再検討する
rib [rib]	肋骨
ridiculous [ridíkjuləs]	とんでもない、ばかげた
robbery [rʌ́bəri]	強盗
ruin [rú(:)in]	台無しにする、破壊する

Vocabulary

S

school assembly [əsémbli]	全校集会、生徒会
scrape [skreip]	すり傷
screwdriver [skrú:dràivər]	ドライバー、ねじ回し
seats available [əvéiləbl]	利用できる座席、空き席
selfish [sélfiʃ]	利己的な、わがままな
serious [sí(:)əriəs]	重大な、深刻な、真剣な
seriously [sí(:)əriəsli]	真剣に、本気で
shoelaces [ʃu:leis]	靴ひも
shout [ʃaut]	大声を出す、叫ぶ
sissy [sísi]	女々しい、意気地なし
slice [slais]	1切れ、1枚
sneeze [sni:z]	くしゃみをする
solution [səljú:ʃən]	解決、答え
spat [spæt]	spit(唾を吐く)の過去形
spill [spil]	〜をこぼす、まき散らす
split [split]	分割する、割る
spray (repellent) [spréi]	スプレー(虫よけ)
stain [stein]	汚れ、しみ
steep [sti:p]	急な、険しい
still going strong	元気にやっている、繁盛している
stink [stiŋk]	臭い、ひどいものだ《That stinks はくさい》
stomach [stʌ́mək]	胃、お腹
strict [strikt]	厳格な、厳しい
stubborn [stʌ́bərn]	頑固な、かたくなな
suck [sʌk]	吸う、すする
suitcase [sú:tkèis]	スーツケース
sulk [sʌlk]	不機嫌である、むくれる
surface [sə́:rfis]	表面
surfing [sə́:rfiŋ]	サーフィン

T

tacky [tǽki]	悪趣味、安っぽい、みすぼらしい
take a pay cut	給料カットを受け入れる、
term paper [tə:m]	期末のレポート
terrible [térəbl]	ひどい、ものすごい、怖い
That's the way the cookie crumbles. [kúki krʌmbl]	直訳は「それがクッキーの砕けた方だ」だが、転じて、不運なことがあった時に、世の中はそんなもんだ、の意味に使われるようになった。cookie は「お菓子、クッキー」、crumble は「砕ける」の意味。
the Battle of Gettysburg [bǽtl gétizbə̀:rg]	ゲティスバーグの戦い《ゲティスバーグはペンシルベニア州の都市で、1863 年 7 月に南北戦争の重要な戦いが行われたところである。北軍はこの戦いに勝利して南北戦争の勝機をつかんだ》

Vocabulary

the college of your choice	あなたが希望した大学
thoughtful [θɔ́ːtfəl]	思慮深い
thumbs up	「よくやった」と親指を立てる動作から、賛成、OK など承諾するという意味で使われるようになった。
tin foil [tin fɔil]	アルミホイル
TOEFL	TOEFL《Test of English as a Foreign Language: 米国の大学入学資格を得るための英語能力評価の試験》
toothpick [túːθpìk]	つまようじ
tournament [túərnəmənt]	トーナメント、勝ち抜き試合
trailer [tréilər]	(映画やテレビの) 予告編

U-Y

UFO	未確認飛行物体（Unidentified Flying Object）
unattractive [ʌ̀nətrǽktiv]	魅力がない
unreasonable [ʌnríːzənəbl]	非理性的な、非論理的な
useless [júːslis]	無駄な
wanna [wánə]	want to の口語表現
wasp [wɑsp]	スズメバチ
whine [hwain]	泣き言を言う、不平を言う
wonder [wʌ́ndər]	驚き、驚嘆
worse off	状況がひどい、暮らし向きが悪い
wrote [rout]	write (書く) の過去形
wuss [wus]	意気地なし、弱虫
you can't win 'em all	「どの勝負にも勝つことはできない」から転じて、人生には苦しいこともあるが、受け入れることも必要という教訓としても使われる。《"em" は "them" を発音どおりに表記したもの》
your own fault [fɔːlt]	あなた自身のせい、あなたが悪い

THREE Words

3語の表現

By the way
ところで、ちなみに

▶聴いてみる ▶意味を理解 ▶音読練習

By the way, I noticed we were out of orange juice, so I bought a new one from the supermarket.

ところで、オレンジジュースがなかったから、スーパーで買っておいたわ。

Okay dad, I'm going out now. Oh, by the way, can I have some extra money for tonight?

じゃ、お父さん、出かけるよ。そうだ、ところで今晩使うお金、少し余分にくれない？

A: It's fun going through our old yearbooks.
卒業アルバムを見るのは楽しいね。

B: Oh, by the way, that reminds me. I met Mr. Hansen the other day. Can you believe he's still working at the school?
ああ、ところで、思い出したよ。ハンセンさんにこの間会ったら、まだあの学校に務めているんだって。信じられる？

+PLUS

この表現は、それほど重要ではないが、別の話題を切り出したいときに使うと便利です。話を単刀直入に始めるのではなく、**By the way** で始めることで、あとに続けて言及される内容が添え物だという印象を与えて、内容がより柔らかく、より断定的でなくなります。**In my opinion**（私の考えでは）、**From what I've heard**（私が聞いたところによると）、**As far as I know**（私が知っている限りでは）なども、言おうとしていることを柔らかく伝えるのに便利な表現です。このような表現を言語学的には **hedges**（ヘッジ；曖昧に表現すること）と言います。

Check it out
よく見て！ よく見なさい、試してみて

▶聴いてみる □□　▶意味を理解 □□　▶音読練習 □□

Check it out! You can see that girl's underwear!
あれを見て！ あの娘の下着が見えてるよ！

A: There's a new band playing in Yoyogi tonight.
代々木で、今夜バンド演奏があるんだって。

B: Cool. Let's check it out.
いいな、見てみようよ。

I sent you an email last night, so please check it out when you have time.
昨日の夜メールを送ったから、時間があるときにチェックしておいて。

A: Have you seen the latest Kitano movie?
一番新しい北野映画は観た？

B: Not yet. I want to check it out, but I've been too busy with work.
まだよ。観たいけど、仕事が忙しくて。

+PLUS

check it out と check it はそれぞれ別の意味だということを覚えておいてください。check it out はあることについて「最初から見極める、知っている」という意味です。check it は特定の情報を探す場合であって、「より詳しく点検する」という点を強調しています。

Here's your itinerary. Please *check it* to make sure what plane you will be taking.
お客様の旅行日程表です。搭乗する飛行機をしっかり確認してください。

The printer is broken. Please ask a repairman to *check it* and find out what's wrong.
プリンターが壊れました。修理の人に、どこが悪いのか点検してもらってください。

Count me in/out
(私も) 仲間に入れて / 勘定・数に入れないで

▶聴いてみる ▶意味を理解 ▶音読練習

A: Who is coming to the dance tonight? Daisuke?
今夜のダンスには誰が来るの？ 大輔？

B: Count me in.
私も参加させてよ。

A: Are you going to the school party tonight?
今夜の学校のパーティーに行くの？

B: If Daisuke is coming then count me in!
もし大輔が来るんなら、私も行かせて！

A: Hey, wanna meet up with the guys after work?
ねぇ、仕事が終わったら、彼らと会わない？

B: Nah, count me out. I'm too tired to go drinking tonight.
やめとく、私は外しておいて。今夜はとても疲れて、飲みにいく気がしないんだ。

Count on it
信じて、任せておいて

▶聴いてみる ▶意味を理解 ▶音読練習

A: Are you sure you can make it here by 3?
３時までに必ず来れるの？

B: Count on it.
信じてよ。

Drake is a really sincere guy. If he promises to help you out, you can always count on it.
ドレイクは本当に正直なヤツなんだ。もし彼が助けるって言ったのなら、信じて任せればいいよ。

A: Are you still coming over tonight to help me with my homework?
今夜うちに来て、宿題を手伝ってくれるのかい？

B: For sure, you can count on it.
間違いなく行くから、信じてよ。

A: Alright, I'm counting on it, so don't let me down.
分かった、信じてるから、ガッカリさせないでよ。

Exercise

A: **I need to buy a turkey for Thanksgiving. Do you think there will be any left at the supermarket?**
サンクスギビングの七面鳥を買わないといけないの。スーパーでまだ売っていると思う？

B: **Don't count on it. They usually sell out pretty fast.**
期待しないほうがいいよ。いつもあっという間に売り切れるからね。

Three Words 05

Cut it out
やめろ、やめて（くれ）、いいかげんにしろ

▶聴いてみる ▶意味を理解 ▶音読練習

A: Teacher, the boys won't give me my pencil back.
先生、男子が私の鉛筆を返してくれないんです！

B: OK guys, cut it out.
ほらほら、みんな、やめなさい。

A: Wow, you really love that ice cream dessert. Make sure you don't swallow the spoon!
わぁ、本当にアイスクリームのデザートが好きなんだ！ いっしょにスプーンまで飲み込まないようにね。

B: Cut it out! It's just a little snack.
やめてよ、ただのおやつじゃない。

Cut that out! I told you I don't like being tickled.
やめてくれ！ くすぐられるのは好きじゃないって言っただろ。

Exercise

Sugar is unhealthy for you. You should *cut it out* of your diet.
砂糖は健康に良くないです。食事中の糖は減らした方がいいですよ。

Don't be silly
ばかなことを言うな、ふざけるな

▶聴いてみる　▶意味を理解　▶音読練習

A: I'm really scared of heights!
高いところは本当に苦手なのよ！

B: Don't be silly, it's just an elevator.
ふざけるなよ、ただのエレベーターだろう。

A: Are you sure your mom won't mind me eating the last piece of cake?
私がケーキの最後の一切れを食べても、あなたのお母さん、嫌がらない？

B: Don't be silly, she made it especially for you.
まさか、母は君のために作ったんだから。

A: I heard you came home pretty late last night. Were you out drinking again?
昨日の夜、帰りがすごく遅かったんだって？　また飲みに行っていたの？

B: Don't be silly. I'd never drink on a school night.
ばかなこと言わないでよ。学校のある夜には、絶対に飲まないさ。

Three Words 07

Don't give up
あきらめないで、しっかりね

▶聴いてみる ☐☐ ▶意味を理解 ☐☐ ▶音読練習 ☐☐

A: I don't think I can finish this race.
このレースは完走できそうもない。

B: Don't give up!
あきらめないで！

A: I'm so exhausted. Studying for this English test is killing me!
疲れた！ 英語のテスト勉強には参ったよ！

B: Don't give up, I have faith in you.
あきらめないで、あなたのこと信じてるから。

Whenever I feel bad about my work, I always tell myself, "Don't give up. If you stick to it, you can do it."
仕事に満足できないときはいつでも、自分にこう言う。「あきらめないで。頑張れば、いつかはできる」って。

stick to it / stick with it は同じことを意味する表現で、「〜を諦めないで、やりつづけろ」というときに使われます。

This guitar solo is killing my fingers, but *I'm gonna stick with it* until I can play it off by heart.
このギターソロのところ、もう指がどうかなりそう。でも楽譜を見ないでやれるようになるまで、あきらめないから。

Don't mention it
どう致しまして、いえとんでもない、いいって

▶聴いてみる ▶意味を理解 ▶音読練習

A: Thank you for looking after my apartment while I was away.
留守の間、アパートを見ててくれてありがとう。

B: Don't mention it.
お礼なんていいよ。

A: Thanks a lot for helping me with my flat tire, mister.
タイヤがパンクしてしまったのを助けてくれてありがとう。

B: Don't mention it. I'm always glad to help someone in need.
どう致しまして。人助けができて良かったです。

A: I'm so grateful that you paid my rent this month. I was really desperate.
今月の家賃を払ってくれて助かりました。本当にピンチだったんです。

B: Don't mention it, you would do the same for me.
お礼なんていいよ、君でも同じことをしてくれたよ。

It was nothing. (大したことではない) や、No problem. (問題ありません) と同義で使われる表現です。カジュアルな状況で頻繁に使われるので、覚えておくと便利です。

Three Words 09

Don't touch that/it
触ってはだめ、触れないで

That zit looks pretty bad. Don't touch it!
そのにきびはかなりひどそうだ。触ってはだめだよ！

A: This cake looks delicious!
このケーキ、美味しそうだ！

B: Don't touch that! It's not for you.
それに触らないでよ。あなたのじゃないんだから。

A: Wow Mom, look at all these cool toys.
わぁ、ママ、見てよ、かっこいいおもちゃだ。

B: You can look, but don't touch!
見るのはいいけど、触っちゃダメよ！

Don't you dare
とんでもない、ばか言え

▶聴いてみる ▶意味を理解 ▶音読練習

A: I'm thinking about quitting university to go traveling instead.
大学を辞めて、その代わりに旅行に行こうかと考えてるんだ。

B: Don't you dare!
ばかなこと言わないで！

A: I'm going to tell your wife about us if you don't break up with her soon.
奥さんとすぐに分かれないのなら、私たちのことを奥さんに言うわよ。

B: Don't you dare! Leave her out of this!
とんでもない！ 彼女のことは放っておいてくれ！

I'm going out for a little while, so don't you dare eat my cake before I come home.
ちょっと出かけるけど、家にもどってくるまで、このケーキは食べないでよ。

PLUS

Don't you dare! と You don't dare. は違います。Don't you dare. は相手に特定の行動をしないようにと警告したり、さらには脅迫するように使う言葉です。一方、You don't dare. は、とても恐ろしくても勇気を振り絞ってそれをするのか、と相手の気分をそぐ言葉のため、結局はDon't you dare とは反対の効果をもたらすことになります。(p.180〈How dare you!〉を参照してください)

A: **I'm gonna go bungeejumping.**
バンジージャンプをするつもりだよ。

B: **You don't dare.**
そんなこと、止めなさいよ。

A: **I'll prove you wrong.**
あなたが間違っていることを証明してみせるよ。

Easy does it
ゆっくりやれ、急がないで

▶聴いてみる ▶意味を理解 ▶音読練習

A: I'm gonna take a break now. I'll finish the report tomorrow.
一休みするよ。明日にはレポートを完成させるから。

B: Ok. Easy does it.
わかった、ゆっくりしてよ。

A: My keys, my bag, my wallet… do I have everything?
鍵でしょ、カバン、財布…全部持ったかな？

B: Easy does it. Take your time. We're not in a hurry.
急がなくていいのよ。時間かけて、急いでないから。

A: When I say "go", we'll lift this heavy box.
「ゴー」と言ったら、この重い箱を持ち上げるぞ。

B: Easy does it. Don't hurt yourself.
ゆっくり、ゆっくり。怪我しないようにね。

Enjoy your trip
楽しんできてね

▶聴いてみる ▶意味を理解 ▶音読練習

A: It's 6 o'clock and I'm off on vacation now.
６時だ、これで休暇に突入するぞ。

B: Enjoy your trip!
楽しんできてね！

Goodbye, I hope you enjoy your trip to America!
じゃあね、アメリカ旅行、楽しんできて！

A: Son, even though I want you to enjoy your trip, don't forget that you're there to study, not party.
おまえ、旅行を楽しんできて欲しいけど、勉強をしに行くっていうこと忘れないでよ。パーティーじゃないんだから。

B: Come on Mom, can't you just let me enjoy my trip?
えー、母さん、旅行なんだから楽しませてよ？

 PLUS

この表現は次のように他の名詞と合わせて使うことができます。

- Enjoy your meal!   食事を楽しんでください。
- Enjoy your vacation!   楽しい休暇を過ごしてください。
- Enjoy the view!   展望をお楽しみください。
- Enjoy the show!   公演を楽しんでください。

Three Words 13: *Get over it / yourself / him*

乗り越える、立ち直る、片付ける

▶聴いてみる ▶意味を理解 ▶音読練習

A: It's unfair. Everyone is always picking on me.
不公平よ。みんなが私をいじめるの。

B: Get over yourself!
乗り越えなさい！

A: Remember the time I won first place in the fishing competition?
釣り大会でわしが一位を取ったときのこと覚えてるかね？

B: Get over it, Grandpa. That was 20 years ago.
忘れなよ、おじいちゃん。20年も前のことじゃない。

A: Even though we broke up 6 months ago, I'm still in love with Harris.
６カ月前に別れたんだけど、今でもハリスのことが好き。

B: You have to get over him and move on with your life.
彼のことは乗り越えて、次の人生に移らないと。

Good for you
よかった（な、ね）

▶聴いてみる ▶意味を理解 ▶音読練習

A: I've recovered from my cold.
風邪が治ったよ。

B: Good for you.
よかったね。

....

A: Heather and I finally decided to tie the knot.
ヘザーと私はようやく結婚することにしました。

B: Good for you. I'm really happy for you.
よかった！ 私も嬉しいですよ。

....

A: Did I tell you I got a scholarship to study at MIT?
MITの奨学金を受けられることになったって言いましたっけ？

B: Good for you. It's about time someone acknowledged your talent.
それはよかった。そろそろ君の能力が知られる時だもの。

Three Words 15: *Have a seat / Take a seat*
座ってください、どうぞおかけください

▶聴いてみる ▶意味を理解 ▶音読練習

A: Mr. Hill, this is Mr. Kono, the chairman of Daito Motors.
ヒルさん、こちらは、大東自動車の会長、河野さんです。

B: Welcome, have a seat.
ようこそいらっしゃいました、おかけください。

A: I'm so glad you invited me over for dinner.
夕食に招待してくださり、嬉しいです。

B: The food will be done in a second. In the meantime, have a seat and make yourself at home.
すぐに食事の用意ができます。それまで、おかけになって、くつろいでください。

A: I have an appointment for/at 5 o'clock.
5時に予約してるんですが。

B: Yes, Dr. Williams will see you shortly. Please take a seat in the waiting room.
ウィリアム先生がすぐに診察します。待合室で、座ってお待ちください。

この表現は「ここに座りなさい」と誘うときに使います。しかし、座るという動作自体を説明するときには使いません。

He got on the subway and had a seat. (✗)

He got on the subway and *sat down*. (○)　彼は、地下鉄に乗って、イスに座った。

He's all talk
口先だけだ、口ばかりだ

▶聴いてみる ▶意味を理解 ▶音読練習

A: I swear I'm going to ask Suzie out.
スージーをデートに誘うぞ、必ず。

B: Ha, you're all talk!
へっ、いつも口ばっかじゃない！

A: I hear Takuya is a real lady's man.
拓也はかなりの女好きみたいね。

B: Don't believe a word of it. He's all talk.
そんなの信じるなよ。口だけさ。

A: I'm really nervous about starting this new job. I hear the boss is tough.
新しい仕事を始めるが少し心配だ。社長が厳しいって話なんだ。

B: Mr. Okada? Don't worry about him, he's all talk. Most of the time his secretary does all the work for him.
岡田社長？　口ばかりだから、心配しなくていいよ。だいたい秘書が彼の代わりに仕事してるから。

A: That's what I'm worried about ... I'm the new secretary!
それが心配なんです…私が新しい秘書なんです！

Exercise

I always complain about wanting to quit my job, but when it comes down to it, I'm *all talk and no action*.
仕事を辞めたいといつもブツブツ言ってるんだけど、いざその時になると、口ばかりで行動に移せないの。

Three Words 17

Here you go
どうぞ / さあ始めてくれ / 頼むぞ / お待たせ

▶聴いてみる ▶意味を理解 ▶音読練習

A: May I have your business card please?
名刺をいただけますか？

B: Here you go.
はいどうぞ。

A: Was there any mail for me this morning?
今朝、私あてに郵便物が来てませんか？

B: Just this one bill from the power company. Here you go.
電気代の請求書だけね。ほら、これよ。

A: Hurry up, the new soap is on soon and I don't want to miss the first episode.
急いで、新しいドラマがもう始まるよ。第一話を見逃したくないの。

B: Hold on, I can't seem to find the channel. Ah, here we go.
ちょっと待って、チャンネルが見つからない。ああ、あったここだ。

Exercise

Is the band ready? Ok, *here we go*. 1... 2... 3...
いいか、準備は？ OK、さぁ、ワン…ツー…スリー…

###

物を手渡しながら「はい、これです」という意味で使うことができる表現には Here you are. や There you go. があります。

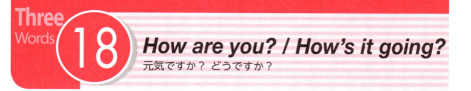

How are you? / How's it going?
元気ですか？ どうですか？

▶聴いてみる ▶意味を理解 ▶音読練習

A: Hey, how are you?
こんにちは、お元気ですか？

B: I'm fine, thanks for asking. And you?
ええ、元気ですよ、ありがとう？　あなたはどう？

A: How are you this morning?
今朝の調子はどうかしら？

B: I'm doing good, and you?
いいよ、君は？

A: I'm good too, thanks.
私もいいわ。ありがとう。

A: Hey Alex, I haven't seen you since university. How's it going?
ねぇ、アレックス、大学を出てから会ってなかったわね。どうしてたの？

B: Pretty good. I'm married and have a nice job, so I can't complain.
順調だったよ。結婚して、いい仕事にも就いたし、文句なしだ。

Exercise

A: **How's it going** with your new company?
新会社はどうですか？

B: **It's been a little tough because of the recession, but I'm hanging in there.**
景気が悪いからここのところ厳しいけど、なんとか頑張ってるよ

Three Words

19 *How dare you?(!)*
よくもそんなこと、信じられない

▶聴いてみる ▶意味を理解 ▶音読練習

A: Hey baby, why don't you come home with me tonight?
やあ、彼女、今夜オレの家に来ない？

B: How dare you? What kind of girl do you think I am? [*slap*]
よくもそんなこと？ 私のことをどんな女だと思ってるの？ [パシッ]

・・・

A: I used your computer to write a few emails.
あなたのコンピュータを使って、何通かメールを書いた。

B: How dare you! Don't touch my things without asking me first.
信じられない！ 断りもなしで、ぼくのものに触るなよ。

・・・

A: Mr. Yoshida, I'm tired of the way you treat your employees.
吉田さん、あなたの従業員の接し方には、嫌になります。

B: How dare you speak to me like that? You'd better change your tone if you want to keep your job!
よくもそんなことを私に言えるな！ 仕事を続けたかったら、そんな言い方はやめるんだな。

I appreciate it / I'd appreciate it
感謝します / それはありがたいですね

▶聴いてみる □□　▶意味を理解 □□　▶音読練習 □□

A: Sir, do you want me to wrap the present for you?
お客さま、贈り物用に包みますか？

B: I'd appreciate it.
それはありがたいですね。

・・・

A: I sent you the corrections you asked for this morning.
頼まれていた修正を、今朝送っておきました。

B: Thanks, I appreciate it. It'll really save me a lot of time.
本当にありがとうございます。おかげで、ずいぶん時間が節約できます。

・・・

A: I spent all night preparing this great meal, and you haven't said a thing.
一晩かけて、この食事を準備したのに、一言も言わないのね。

B: Don't get me wrong, I appreciate it. I just have a lot on my mind right now.
勘違いしないで、本当に感謝してるよ。ただ気がかりなことがたくさんあり過ぎるんだ。

Exercise

You should spend more time with the kids. From now on, *I'd appreciate it if you would* come home earlier.
もっと子どもといっしょにいる時間をもってよ。これからは、もっと早く家に帰ってきてくれると嬉しいんだけど。

+PLUS

I'd appreciate it. の I'd は I would の短縮形です。よって、I'd appreciate it. はこれからしようとしていることや、誰かが提案してくれたことのように、現在は起こっていないことについて感謝を伝えるときに使われます。一方、I appreciate it. は現在、存在していることや、すでにしてくれたことに対して感謝を伝える表現です。

Useful Expressions

「気を遣わないで」vs.「大丈夫です」

I don't care. や I don't mind. は語感が似ているので、同じように使えると思うこともあるのですが、これらは別の意味です。

◆ **I don't care**　どうでもいいよ

A: My husband is so handsome, and very rich, and has a great management job.
　　夫はとってもハンサムで、おまけにお金持ちで、管理職の肩書きもあるの。

B: **I don't care!** Why are you telling me this?
　　どうでもいいよ！なんでそんなことを私に話すの？

I know that sports cars are very important to you, but to be honest, I don't care about them at all.
あなたにとってスポーツカーは大切なものかもしれないけど、正直言って、私にとってはどうでもいいことなの。

◆ **I don't mind**　どちらでも構いません、気にしません

A: Is it okay if I smoke here?
　　ここでタバコを吸ってもいいですか？

B: Sure, **I don't mind.**
　　ええ、気にしませんよ。

A: There's a table available near the window, but you'll have to wait for 15 minutes, sir.
　　窓際のテーブルがご用意できますが、15分ほどお待ちいただきます。

B: That's okay, **I don't mind.**
　　いいですよ、気にしませんから。

A: **I don't mind** people bringing their kids to the theater, but they should stop them from crying during the performance.
映画館に子どもを連れてくるのは構わないけど、上映中に子どもが泣くのはやめさせてもらいたいわね。

B: **I don't mind it that much.** That's what children do...
私はそんなに気にならないけど。子どもってそんなもんだから…

I don't care. はあることに関心がないことと強調する表現です。一方、I don't mind. はあることが自分にとって迷惑にはならないという事実を強調する表現です。結果的に I don't care. はその問題にまるで関心がないというように無礼に感じられます。

A: **Which seat do you prefer?**
どの席がいいですか？

B: **I don't care. / I don't mind.** Either seat is fine.
気にしません。/ どこでもいいです。どちらの席でもいいです。

しかし、敏感な問題について議論をするときには、話者の感情を損なわないように必ず正しいものを選んで使うようにしてください。

A: **Do you think I should put my parents in a retirement home or let them move in with us?**
両親を介護施設に入れるべきかしら、それとも私たちのところに引っ越してもらうのがいいと思う？

B: **I don't care.**　どうでもいいよ。

A: **Hey, this is important, you have to care!**
ねぇ、これは大切な問題なのよ！　もっと気にしてよ！

I don't care. と答えたことで、相手に不快感を与えています。どちらを使うか迷った場合は、常に I don't mind. を使うようにしましょう。

Three Words 21 — *I can manage*
何とかする、何とかできそうだ

▶聴いてみる ▶意味を理解 ▶音読練習

A: Are you sure you can carry all those bags by yourself?
本当に一人で、そのバッグ全部持てるの？

B: Yeah, I can manage.
うん、何とかなるよ。

・・

A: That's the last straw, I'm leaving for good!
もう限界！永遠にお別れよ。

B: Go ahead, I can manage without you.
どうぞ、きみ無しでも何とかなるよ。

・・

As long as we have a supportive family, we can manage even the toughest of times.
支えてくれる家族がいる限り、どんなに大変な時期も何とか乗り越えられるものです。

Exercise

A: You look so skinny. You should eat more.
あなた、痩せすぎよ。もっと食べないと。

B: I don't need to. *I can manage* on just rice and water.
  = I *can get by* on just rice and water.
その必要はない。米と水で何とかなるから。（＝米と水で生きていける）

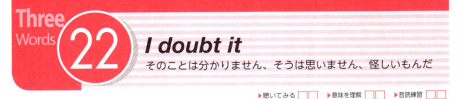

I doubt it
そのことは分かりません、そうは思いません、怪しいもんだ

A: This traffic is pretty bad. Do you think we can make it to the theater on time?
ひどいわ、この渋滞。時間までに劇場に行けると思う？

B: I doubt it.
怪しいな。

A: Do you think your husband will remember your anniversary?
旦那さん、結婚記念日を覚えてると思う？

B: I hope so, but I doubt it.
そうだといいけど、でも怪しいわね。

A: I wonder if our team will finally win a match tonight.
今夜のゲームで、うちのチームは勝つかなぁ？

B: I seriously doubt it. Two of our best players are injured.
きっと無理だね。チームのベストの選手が2人も怪我してるんだから。

I don't know / I'm not sure
知らない / わからない / どうでしょうねぇ

A: Who is in charge of organizing this event?
このイベントを取りまとめている責任者は誰ですか？

B: I don't know.
わかりません。

A: What time does the performance start?
公演は何時に始まりますか？

B: I'm not sure. It depends on the day of the week.
どうなのかなぁ、何曜日によるよ。

A: What is Kevin doing these days?
ケビンは、最近どうしてるの？

B: I'm not too sure. Last I heard, he was traveling around Europe.
よく知らないんだ。最後に聞いたときは、ヨーロッパを旅してたみたいだけど。

Exercise

I'm not sure if this is the right road. Maybe we should stop and ask for directions.
この道であっているか分からないわ。ちょっと止まって、道を聞いてみましょう。

PLUS

I don't know. はあることについて何の情報もないということを示すときに使います。しかし、I'm not sure. は 思いや意見が若干あっても、実際には確実にはわからないということを表しています。

I feel great / It feels great
気分が最高、ああ気持ちがいい

▶聴いてみる ▶意味を理解 ▶音読練習

A: Congratulations Mr. Johnson, it's a beautiful baby boy!
ジョンソン先生、おめでとうございます！ かわいい男の赤ちゃんですね！

B: Wow, I feel great!
ああ、本当に嬉しいよ！

A: So, how does it feel to finally be on the board of directors?
それで、ようやく取締役になった気分はどう？

B: It feels great. I've worked so hard to reach this goal and now I've made it.
最高だよ。これを目標に一生懸命やってきて、今、それが叶ったのだから。

It's hard work raising a family, but I feel great knowing that I can always count on my husband for support.
家族を支えていくのは大変だけど、夫に頼れるから安心です。

Three Words 25 — *I feel sick*
気持ちが悪い / 気分が悪い、吐き気がする

▶聴いてみる ▶意味を理解 ▶音読練習

A: Yuna, why are you still in bed? You'll be late for work!
友奈、まだ寝てるの？ 仕事に遅れるよ！

B: I feel sick.
気分が悪いの。

・・

[*Burp*] I feel sick. Is there a bathroom around here?
[げっぷをして] 吐き気がする。この辺にトイレはある？

・・

A: Do you want to try that rollercoaster with me?
あのジェットコースターにいっしょに乗らない？

B: No thanks. I feel sick just looking at it!
けっこうです。見ただけで気分が悪くなる！

Exercise

I feel terrible. 気分がひどく悪い。

A: **I heard you caught the flu. Are you okay?**
インフルエンザにかかったんだって？ 大丈夫？

B: **No, I feel terrible.**
全然、気分がひどく悪いんだ。

I feel terrible for/about. 〜を（について）心苦しく思っている

I feel terrible for saying this, but the company has decided to let you go.
お伝えするのも心苦しいのですが、会社はあなたを解雇することになりました。

26 I guess so / I guess not
そうらしいね / そうは思わない

▶聴いてみる ▶意味を理解 ▶音読練習

A: Is this the last stop for this subway line?
ここが、この線（地下鉄）の終点ですか？

B: I guess so. Everyone is getting off.
そうみたい。みな、降りてるから。

A: Did your girlfriend like the homemade birthday gift you gave her?
ガールフレンドは、君の手作りのプレゼントを気に入ってくれた？

B: I guess not. I haven't heard from her since.
そうでもないみたい。あれから彼女から連絡がないよ。

A: Explain it one more time. Are you telling me that the movie ends with everyone dying?
もう一度、話してよ？ その映画のラストで、皆、死んでしまうっていうの？

B: I guess so. I don't think I understood it properly myself.
だと思うわ。ちゃんと分かってないかもしれないけど。

PLUS

1. guess　〜と推測する

   I don't know how many books we have left, so *I have to guess*.
   本が何冊残っているか分かりませんので、推測しなければなりません。

2. I guess　〜であるように思える

   ***I guess* there are enough books left.**
   十分な冊数の本が残っていると思われます。（I think と同じような意味）

Three Words 27

I mean it
本気です、冗談ではないよ

▶聴いてみる ▶意味を理解 ▶音読練習

A: You want to quit your studies to become a musician? Please tell me you're joking.
ミュージシャンになるために、勉強を止めたいの？ 頼むから冗談だって言って。

B: I mean it.
本気よ。

Mom, this woman is the one for me. I know I've said it before, but this time I mean it.
お母さん、この人が僕が選んだ人だよ。前にも同じこと言ったけど、今度は本気だよ。

A: This painting is amazing.
この絵はすばらしいわ。

B: Wow, you really mean it?
えっ、本気で言ってるの？

A: Yes, I mean it. You are a very talented painter.
もちろんよ。きみは絵の才能があるわね。

Exercise

- I'm serious. 　　本気ですよ。
- I'm not kidding. 　　冗談ではないです。

I'd rather not
どちらかというといやだ

A: How about lending me a little money?
少しお金を貸してくれない？

B: Hmm… I'd rather not.
うーん…やめとくよ。

A: I'm bored. Do you want to play some baseball after school?
退屈だなぁ。放課後は野球でもやらないか？

B: No, I'd rather not. I feel kind of tired today.
やりたくないなぁ。今日は何だか疲れてるんだ。

A: Wow, is that a new car? Why don't you let me take it for a spin?
うわ、新しい車？ ちょっと試しに乗らせてくれない？

B: I'd rather not. I've heard bad things about your driving.
それは嫌だな。きみの運転には悪い噂があるから。

Three Words 29 — *I'm with you*
同感だ / 賛成する

▶聴いてみる ▶意味を理解 ▶音読練習

A: I'm so tired of being treated like dirt at this office.
オフィスで、ゴミみたいに扱われるのに嫌気がさした。

B: I'm with you.
同感だ。

A: I don't like politics that much.
政治のことはあまり好きでない。

B: I'm with you. Politicians can never get the job done.
同感だ。政治家はしっかりした仕事を全くしないからね。

A: You don't have to stay here all night. I'll finish the rest of the work by myself.
一晩中、ここにいることはないわ。ひとりで残りの仕事は片付けるから。

B: No, I'm with you till the end.
いや、終わるまでここにいるよ。

I'm with you. で you に強勢を置くと、1つ目、2つ目のダイアログのように相手の言葉に同意を表す表現になります。多くはありませんが、with に強勢を置くと「理解する」という意味になります。

A: The reason why I decided to get a new haircut is… hey, are you listening?
どうしてヘアカットをしたかっていうとね、ねぇ、聞いてるの？

B: I'm with you. Please, go on…
聞いてるよ、続けて。

192

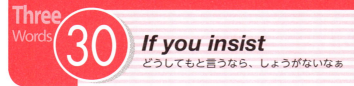

30 *If you insist*
どうしてもと言うなら、しょうがないなぁ

▶聴いてみる ▶意味を理解 ▶音読練習

A: Please allow me to get you a taxi.
タクシーを用意させてください。

B: If you insist.
どうしてもと言うなら。

A: I'll pay for dinner tonight.
今夜の夕食は私が払うから。

B: No, it's my turn. You paid last time.
いいえ、今日は私の番。前回も払ったじゃない。

A: Really, this one's on me. I insist.
お願い、ここは私にさせてよ。

B: Okay, if you insist. Thank you!
そこまで言うなら！ ありがとう。

If you insist on bringing your dog everywhere, at least make sure it's housebroken!
どこへ行くにも犬を連れていくと言うなら、少なくともよくしつけておいてよ！

ペットを "housebroke" したと言えば、人と一緒に暮らせるように訓練（しつけ）を受けたという意味で、とくにトイレのしつけができていることを言います。知り合いがペットを連れて家にやってきたら、Is he / she housebroken?（トイレのしつけはできている？）とたずねてみましょう！

Useful Expressions

大丈夫です

本書に登場する表現のなかには、話す人がどこに焦点を置くかによって、主語を I や it、that に変えて使用するものがあります。どのようなときに I'm になり、It's、That's とするか迷うことがあるかと思います。そのときは、まず相手が話している人とどれだけ近しい間柄なのかで判断してみましょう。
I'm OK / Alright / Fine. (いいよ、大丈夫) は話している人の状態、とくにあることに対して感じている気分を表すときに使われる表現です。(p.82〈I'm + 形容詞〉を参照してください)

A: Hey, how are you this morning?
ねぇ、今朝の調子はどう？

B: **I'm fine.** 調子いいですよ。

A: That looked like a terrible fall, are you okay?
ひどい転び方したみたいだけど、大丈夫？

B: **I'm alright.** Actually, I fall down all the time.
大丈夫だよ。じつはしょっちゅう転んでるんだ。

I'm OK with you staying at our house, but I'd better ask my wife.
あなたが家に泊まるのは、私はいいんだけど、とはいえ妻に聞いてみるよ。

That's ok. は相手がそれより前に言及したことに対して返事をするときに使用します。

A: I'm sorry, I can only offer you a no-smoking seat.
恐れ入りますが、禁煙席しかご用意がないのですが。

B: **That's fine.**
大丈夫です。

A: I'm sorry to phone you so late, but I really need to talk to you.
遅くに電話してすみません、でもどうしても話すことがあるのです。

B: That's alright [the fact that you called me late], I wasn't sleeping anyway.
大丈夫 [遅い時間に電話をしたという事実に対して]。どっちにしろ寝てなかったしね。

A: This suit jacket is a size 36, but it only comes in black.
このジャケットはサイズ36ですが、黒しかないんです。

B: That's fine. I'll take it. But I don't have any cash on me.
いいですよ。買いたいのですが、現金の持ち合わせがないなぁ。

A: That's okay, you can pay with your credit card.
大丈夫です。クレジットカードもご利用いただけます。

It's ok. は外部の対象や行為に対して言及するときに使います。

A: How is your broken leg?
骨折した足はどうなの？

B: It's OK [my leg]. It should be fully healed in 3 weeks.
大丈夫 [私の足が]。 3週間で完治するみたい。

A: Is it alright to smoke here?
ここでタバコを吸ってもいいですか？

B: It's alright [smoking here], but you have to stay in this area.
いいよ [ここでタバコを吸うことが]、でもこのエリア内だけでお願いします。

A: I feel terrible for making you work overtime.
　　残業させてしまって申し訳なく思ってます。

B: It's fine [working overtime]. I'm not busy today.
　　大丈夫［残業することについて］ですよ。今日は忙しくないので。

このように、さまざまな表現をいかに混同しないで使用するかというのが難しいところでしょう。次のように誰かがたずねたとしましょう。

A: Can we meet at 2 o'clock this afternoon?
　　今日の午後2時に会えますか？

B: I'm OK.（✕）　いいですよ。

この質問に対する正しい返答は次のようになります。

That's OK. [your suggestion]
いいですよ。［あなたの提案に対して］

I'm fine with that. [your suggestion]
いいですよ。［あなたの提案について］

あるいは簡単に OK. と答えることもできます。

OK.　いいですよ。

Is that clear?
分かった？ 理解できた？

A: First, boil the water, then add the vegetables and spices, and let it cook for 15 minutes. Is that clear?

最初に湯を沸かして、それから野菜やスパイスを入れて、15分ほど火にかけるの。分かった？

B: Yes, crystal clear.

よく分かったよ。

A: If you come home drunk one more time, this marriage is over, is that clear?

もう一度、酔っぱらって家に帰ってきたら、この結婚も終わりよ、分かった？

B: Zzzzz ...

グーグー…

A: Come on boys, our fans are counting on us. I don't want any screw-ups tonight, is that clear?

さあ、いいか、ファンたちは私たちを信じてるんだ。今夜はどんなミスも許されないぞ、分かったか？

B: Sure coach, we hear you loud and clear.

もちろんさ、コーチの言うことはよく分かってる。

32 It/That doesn't matter
どうでもいい、気にしないで、構いません

A: I'd love to go out with you this weekend, but I don't have any nice clothes to wear.
週末、あなたとデートしたいのはやまやまだけど、着ていく服がないわ。

B: **That doesn't matter.**
気にしないでいいよ。

A: Do you want milk or sugar in your coffee?
コーヒーに、ミルクか砂糖はいれますか？

B: **It doesn't matter.** You decide.
どちらでもいい。決めてください。

I used to refuse to date bald men, but now I realize that **it doesn't matter**.
髪の毛が薄い人とは、昔ならデートは断っていたけど、今はそんなこと気にすることないと気づいたわ。

Exercise

A: **Do you still want me to mail that letter for you?**
まだあの手紙を出してほしいの？

B: **No, *it doesn't matter* anymore. I did it myself.**
いいえ、もういいです。もう自分でやっちゃったから。

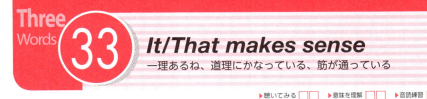

It/That makes sense
一理あるね、道理にかなっている、筋が通っている

A: I don't think we should get married before I finish university.
大学を卒業するまでは、結婚するべきでないと思ってるの。

B: That makes sense.
それがいいよ。

A: If you want to buy a new car, it makes sense to buy insurance.
新車を買うのなら、保険も入れるべきでしょうね。

B: Yes, but I also think it makes good sense to look for the best deal to save money.
わかってるけど、節約もできるいい保険を探すことも必要だよ。

A: I heard you quit your job last month.
先月、仕事を辞めたと聞いたけど。

B: Yeah, it made sense for me to quit now while I'm still young.
辞めるなら、若いうちじゃないとと思って。

A: That's true. Sometimes it makes sense to follow your heart.
確かに。時には心のままに従うのがいいかも。

34 *It was nothing*
どう致しまして、どうということはありません

▶聴いてみる ☐☐　▶意味を理解 ☐☐　▶音読練習 ☐☐

A: Mister, you saved my life!
あなたのおかげで命拾いしました！

B: It was nothing.
お礼にはおよびません。

A: Thank you so much for helping me with my application papers.
申請書を書く手伝いをしてくれてありがとうございます。

B: There's no need to thank me. It was nothing.
お礼にはおよびませんよ。大したことではありませんから。

A: I heard you went to the hospital, are you okay?
病院に行ったと聞きましたが、大丈夫ですか？

B: Don't worry, it was nothing serious.
心配しないで、深刻なことではないんです。

+PLUS

It was nothing. は It was nothing to write home about. (騒ぐほどではなかった／何でもなかった) または、It was nothing to get excited about. (興奮するほどのことはなかった。ちっともおもしろくなかった) と言うこともできるのですが、これらの表現はすべて興味深い、特別なことがなくて失望したということを表しています。

I'd heard a lot of hype about the new superhero movie, but *it was nothing to write home about*.
新作のヒーロー者映画はかなり宣伝されてたけど、そんなに騒ぐほどの映画でもなかった。

It's a deal
いいとも、決まったね、商談成立だ

▶聴いてみる ▶意味を理解 ▶音読練習

A: If you buy these shoes right now, I'll give you a 5 percent discount.
もしこの靴をお買い上げいただけるのなら、5％のディスカウントを出しますよ。

B: It's a deal.
それなら買うとしましょう。

A: There's a lot of housework to do. How about I vacuum, and you do the laundry?
たくさん家のことですることがあるんだ。掃除機はこっちでやるから、洗濯してくれる？

B: It's a deal. I hate vacuuming.
いいわ。掃除機をかけるのは嫌いだから。

A: It looks like we agree on all the terms of the merger. Do we have a deal?
合弁の条件にはほぼ全部、合意したみたいですね。商談成立ですか？

B: Okay, it's a deal. Let's shake on it.
そうですね、決まりです。握手をしましょうよ。

Three Words 36

It's about time
そろそろ時間だ

▶聴いてみる ☐☐　▶意味を理解 ☐☐　▶音読練習 ☐☐

A: My dear parents-in-law, I'm pregnant.
お義父さん、お義母さん、子どもができました。

B: It's about time!
そろそろだと思っていたよ！

・・・

A: Your package will be delivered on Monday next week.
来週の月曜日に荷物をお届けします。

B: It's about time! I ordered it last month.
やっとくるか！ 先月、注文したんだ。

・・・

A: Hey, Susie, it's Tom.
やぁスージー、トムだよ。

B: Tom, it's about time you called me! I haven't heard from you in a while.
トム、やっと電話してきたの！ しばらくご無沙汰だったのね。

Exercise

A: **My dog seems to be acting strange. I think she's in heat.**
うちの犬がちょっと変なんだ。たぶん発情期なのかな。

B: **Yeah, *it's about that time of year*.**
そうそう、毎年この時期よね。

It's all yours
すべてお任せ / 好きに使っていいから

A: Can I take this book home with me?
この本を家に持って帰ってもいいですか？

B: It's all yours.
お好きなように。

Here are the keys to your new car. It's all yours.
新しい車の鍵ですよ。これであなたのものです。

A: Wow, your sweater looks really good on me.
わぁ、あなたのセーター、私に似合いそう。

B: It's all yours.
あげるよ。

A: No, I can't accept this.
いえいえ、もらえませんよ。

B: Really, I insist.
本当にいいんです。

38 *It's an emergency*
緊急（事態）です

Police? Come quickly, it's an emergency!
警察ですか？早く来てください、緊急事態です！

- A: I need to speak to the boss right now.
  今すぐ社長と話したいんです。

- B: He's in a meeting.
  今、会議中です。

- A: Tell him it's an emergency. The stock market is crashing!
  緊急事態と伝えてください。株式市場が暴落しています！

- A: I need to see a doctor immediately.
  すぐに治療してもらいたいのですが。

- B: Sorry, there are no doctors available right now.
  すみません、今は医者がいないのです。

- A: But it's an emergency. I think my arm is broken!
  でも緊急なんです。腕が折れてると思うんです！

I'm right here / It's right here
私はすぐそばにいる / それはすぐそばにある

▶聴いてみる ▶意味を理解 ▶音読練習

A: *[on the phone]* I'm at the station now. Where are you?
［電話で］今、駅なんだけど、どこにいるの？

B: *[waving]* I'm right here.　［手を振って］すぐここだよ。

A: Is this your high school photo? Which one is you?
これ、高校時代の写真？ どれがあなた？

B: I'm right there, back row, third from the right.
これだよ、後列の右から3番目。

A: Did you find the remote control yet?
リモコン、あった？

B: Yeah, it was right here on the couch.
ああ、このソファの上にあったよ。

right には、抽象的な意味もあるので定義するのが難しい単語です。「まさに」「ちょうど」という意味で使われることが多いのですが、「正確に」あるいは「正しく」あることが起こった、と強調するときにも使われます。

- **You're *right on time*.**　ぴったりの時間に来たなあ。
- **The book is *right where* you left it.**　あなたが置いたところに本はあるよ。
- **He always calls *right when* I need him.**
  彼は、私が必要とするときにいつも電話をしてくる。
- **If I press this button, the alarm goes off *right away*.**
  このボタンを押すと、すぐにアラームが止まります。
- **Yahoo! She kissed me *right on* the mouth!**
  イェーイ！ 彼女が、まさに私の口にキスをした！

Useful Expressions

Just a moment / Hold on / Wait a minute
ちょっと待ってください

この表現は、相手に考える時間や行動に移す時間を与えながら、しばらく待ってほしいと要請したいときに使います。Wait a minute. / Wait a sec. / Hold on a minute. / Just a second. / One moment please. のようにさまざまな形に少しずつ変型させて使うことができます。

A: Waiter, I'm ready to order.
ウェイター、オーダーをお願いします。

B: Just a moment.
少々お待ちください。

A: Hurry up, I have to use the bathroom!
急いでよ、私、トイレに行きたいの！

B: Hold on, I'm almost done.
ちょっと待ってよ、もう少し終わるから。

A: Is that download finished yet?
ダウンロードは終わったの？

B: Almost. Just a moment and then we'll be able to hear the new song.
ほとんどね。ちょっと待って、そしたら新しい曲が聴けるから。

A: Yui, there's a phone call for you.
　唯、あなたに電話よ。

B: Just a minute, I'm in the shower!
　ちょっと待って、シャワー中だから！

A: My number is 010-5463-2...
　私の番号は、010-5463-2...

B: Wait a minute. I didn't get that. Could you repeat it please?
　ちょっと待って。聞き取れなかったよ。もう一度言ってくれる？

Wait a minute. はさらに、言及する言葉が本当なのかを確認しようとするときにも、次のように使われます。

A: That party last Friday was so crazy. I can't remember a thing!
　先週の金曜日のパーティーは気違いじみてたな。何一つ覚えてないよ！

B: Wait a minute. You told me you were studying at the library last Friday.
　ちょっと待って。先週の金曜日は図書館で勉強してたはずじゃないの。

A: Uhm ...　うん…

［電話で］

A: Hello, I'd like to speak to Mr. Daniels.
　もしもし、ダニエルズさんをお願いします。

B: I'll put you through to him. Hold please.
　今、変わりますので、少しお待ちください。

40 *It's your turn*
あなたの番です

A: Did you take out the garbage last night?
昨日の夜、ゴミ出しした？

B: No, it's your turn!
いいえ、あなたの番でしょ！

A: So, are you going to pay for dinner tonight?
それで、今晩の食事代はあなたが払うの？

B: No, it's your turn. I paid last week.
いや、先週払ったから、君の番だ。

A: Okay, if you say so...
分かった、そうおっしゃるのなら…

A: Where do you want to eat tonight?
今夜はどこでご飯食べましょうか？

B: I always pick the restaurant. This time, it's your turn.
いつもぼくがレストランを選んでるじゃない。今度は君の番ですよ。

41 *Just in time*
ぎりぎりの時間に、ちょうどよいときに

▶聴いてみる ▶意味を理解 ▶音読練習

A: Sorry I'm late, I came as fast as I could.
遅くなってすみません。できるだけ急いだのですが。

B: Just in time. I was about to leave.
ぎりぎり間に合いました。そろそろ出ようと思っていたところです。

A: Are we late?
遅かったですか？

B: No, you're just in time. The doors close at 6.
いいえ、ギリギリ間に合いました。ドアは6時に閉まりますから。

A: Hey, what took you so long?
なんでこんなに時間がかかったの？

B: The traffic was terrible and I had to park my car.
渋滞がすごくて、その上、車を停めなければならなくて。

A: Well, you made it just in the nick of time. The play starts in 5 minutes.
まあ、それでも間一髪、間に合ったよ。あと5分で、試合が始まるよ。

+PLUS

in the nick of time（間一髪で、ぎりぎり間に合って）は古くから、人びとが使いつづけてきた表現です。昔、棒切れに溝を刻んで時間を計っていた風習に由来する表現です。

Three Words 42: *Let me explain*
説明します、説明させてください

▶聴いてみる ▶意味を理解 ▶音読練習

A: Who made this mess?
誰がめちゃくちゃにしたの？

B: Let me explain...
ちょっと説明させて…

A: This had better be good.
正直に言わないと、承知しないわ。

Let me explain it, so you can understand.
説明します、そしたら分かってもらえます。

A: Did you steal money from me?
私のお金を盗んだの？

B: Let me explain.
説明させてください。

A: I don't want an explanation. Answer me, yes or no!
説明なんて要らない。盗んだの、盗んでないの！

Let me は次のように他の動詞とも使われます。

A: **I can't get hold of Sarah on her cell phone.**
サラに携帯電話で連絡がとれないんだ。

B: **Let me try.**
私がやってみるよ。

A: **Uh, I can't open this window.**
うぅ、窓を開けられない。

B: **Let me help.**
やってあげるわよ。

A: **You won't believe what happened on my date!**
デートで何が起きたか、信じられないと思うよ！

B: **Let me hear all about it.**
全部、聞かせてよ。

A: **Which direction should I go?**
どっちに行けばいいの？

B: **Let me think... ok, it's this way.**
えーちょっと待って、オーケー、こっちよ。

Let's get going/moving/started
さあ行くぞ、行きましょう/始めましょう

> Let's get going! I want to leave as soon as possible!
> さあ行くよ！ できるだけ早く出発したいんだ。

A: Have you rested enough?
十分に休んだ？

B: Yes, I'm ready to go now.
うん、もう行けるよ。

A: Then let's get moving. We're almost at the peak.
じゃあ、行きましょう。もうすぐ頂上だよ。

A: Come on, let's get started!
さぁさぁ、始めましょう！

B: What's the rush?
なぜ急ぐの？

A: I'm impatient! I want to finish this meeting as fast as possible.
せっかちなんだ！ できるだけ早くこの会議を終わらせたいんだ。

Three Words 44: *Mind your manners*

マナーに気を付けて、礼儀正しくしなさい

▶聴いてみる ▶意味を理解 ▶音読練習

A: I need to blow my nose. I guess I'll just use this tablecloth.
鼻をかみたいんだ。このテーブルクロスを使ってしまおうかな。

B: Mind your manners!
マナーを守りなさい！

Kids, we're going to a fancy restaurant tonight, so I want you to mind your manners.
子どもたち、今日は高級なレストランに行くから、みんな礼儀正しくしなさいよ。

If you are doing business in a foreign country, you have to mind your manners when it comes to eating out.
海外でビジネスをするなら、もし外食をする機会があれば、そのときは礼儀には気を付けなさい。

Never say never
絶対なんてことはない、何が起きるかわからないよ

A: I'll never make it to the first team.
私は絶対に一軍には入れないだろう。

B: Never say never.
絶対なんてことはないよ。

A: It's useless for me to think about getting married.
結婚のことを考えるなんて、私には無駄だな。

B: Never say never. Who knows what the future may bring?
そんなことないわ。この先、何が起こるかなんて誰にも分からないもの。

It's unlikely that I'll meet the deadline. But then again, never say never.
しめ切りは守れそうもないな。でも、言っとくけど、可能性がまったくないわけではない。

46 *No hard feelings*

恨みっこなし / 恨みはない

A: I'm sorry for shouting at you.
怒鳴ったりして悪かった。

B: No hard feelings.
悪く思ってはないよ。

A: I'm sorry. No hard feelings?
ごめん、怒らないで？

B: OK, I forgive you.
わかった、許してあげるよ。

Even though they got divorced, there are no hard feelings between them.
離婚はしたけど、2人の間に悪い感情はないんだ。

Not at all
いいえ少しも、とんでもない

▶聴いてみる ▶意味を理解 ▶音読練習

A: I'm sorry to disturb you at this hour.
こんな時間にお邪魔してすみません。

B: **Not at all!** I was waiting for your call.
とんでもない！ 電話がかかるのを待ってたんだ。

A: Sophie, are you attracted to Jeff?
ソフィー、君はジェフが好きなの？

B: **Not at all!** He's so rude.
全然！ 彼、すごく失礼なんだもの。

A: Thank you for inviting me to your home.
家に招待していただきありがとうございます。

B: **Not at all!** It was my pleasure.
喜んで！ 楽しみにしてました。

Exercise

Living in New York was *not at all* like I thought it would be.
(= Living in New York was *nothing* like I thought it would be.)
ニューヨークに住んでみたら、思ってたのと全然違った。

Three Words 48

Not so fast
ちょっと待て / 考えが甘いよ

▶聴いてみる ☐☐　▶意味を理解 ☐☐　▶音読練習 ☐☐

A: Bye Mom, I'm going to the playground to meet my friends.
バイバイ、ママ、友だちのいる公園に行ってくるよ。

B: Not so fast! Have you finished all your homework?
ちょと待って！ 宿題は全部終わったの？

․․

A: Sorry I'm late, honey. I'm going to bed.
遅くなってごめん。寝ようかな。

B: Hold on. Where have you been all night?
ちょっと待って。一晩中、どこに行っていたの？

A: First I worked overtime, then I went to a restaurant, then a bar, then…
残業して、それから食事に行って、バーに飲みにいって、それから…

B: Not so fast. I want details! Who were you with?
考えが甘いわよ。詳しく話して！ 誰といっしょだったの？

․․

A: Check it out, my new car can go 180 km an hour.
見てよ、ぼくの新車、180キロまで出るんだ。

B: Not so fast! Are you trying to get us killed?
ちょっと待ってよ！ 私たちのこと殺す気？

Exercise

A: **What do you think about meeting my parents, sweetie?**
うちの両親に会うのってどう思う？

B: ***Not so fast!*** **We've only been dating for a week!**
急がないで！ 付き合ってまだ1週間よ。

Three Words 49

Nothing to it
簡単なことだ、楽勝よ / どうってことない

▶聴いてみる ▶意味を理解 ▶音読練習

A: Wow, that pool trick shot was amazing!
うわ、あのトリックショットは最高だ！

B: Nothing to it.
まぁ楽勝だよ。

・・

A: How do you manage to always pick the best stocks?
どうやって、いつも最高の株取引ができるんだ？

B: There's nothing to it if you know what you're doing.
どうってことないよ、自分のやっていることがちゃんとわかっていれば。

・・

A: Is it really true that you are dating your co-star?
共演した俳優とデートしてるって本当？

B: No, that's just a rumor. There's nothing to it.
単なる噂よ。大した話じゃないわ。

3つ目のダイアログの There's nothing to it. は There's nothing to that rumor / story. に由来する表現で、「そのうわさは事実ではない。根拠のない話だ」という意味です。

Three Words 50

Now you're talking!

そうだね、そうこなくっちゃ！、いいこと言うね

▶聴いてみる ▶意味を理解 ▶音読練習

A: Let's all bet 1,000 yen on the football match. サッカーの試合に千円賭けよう。

B: Only 1,000? たった千円？

A: You want to raise it to 5,000? 5千円にしたい？

B: Now you're talking! そうこなくっちゃ！

A: Hey, want to go out for burgers tonight? 今夜ハンバーガー食べに行く？

B: Hmm… I'd prefer something healthier. うん、もっと健康的なのがいいなぁ。

A: Then how about sushi? それならお寿司はどう？

B: Now you're talking! I love seafood. いいね！シーフードは大好きだ。

A: I'll give you 500 dollars for this used TV. この中古TV、500ドルでどう？

B: No, that's too little. 安すぎるな。

A: OK, I'll raise it to 650. わかった。650ドルに上げよう。

B: Now you're talking! You've got a deal. そうでなくちゃ！それで手を打とう。

+PLUS

似たような表現に That's more like it. (その方がいいですね) があります。

A: **How was the car? Did you enjoy the test drive?**
この車はどうでしたか？ 試験運転は楽しんでいただけましたか？

B: **I don't know… I was hoping for a sports model.**
よく分からないなぁ…スポーツカーに乗ってみたかったんだ。

A: **Then try our new Ex5 model. It's the fastest car around.**
でしたら、新型のEx5に乗ってみませんか。最速モデルですよ。

B: ***Now that's more like it!*** **This is exactly what I've been looking for.**
ああ、そうこなくっちゃ！ こんなのに乗ってみたかったのです。

51 *Piece of cake*
楽勝よ、わけないさ、朝飯前

A: Can you score a goal from here?
ここからシュートを決められる？

B: **Piece of cake!**
楽勝さ！

A: What did you think of the driver's license test?
運転免許のテストはどうでしたか？

B: **Piece of cake!** Tests like that are easy.
楽勝だった！あんなテストなら簡単よ。

People think that playing the piano is difficult, but **it's a piece of cake** once you get the hang of it.
ピアノを弾くのは難しいとみんな思っているみたいだけど、一度コツをつかんでしまえば、わけなく弾けるよ。

Useful Expressions

慣用表現

3語以下の慣用表現で、日常生活でよく使われる表現です。

◆ **Break a leg (= Good luck)**　頑張る、うまくやる

この表現は演劇に由来しています。Good luck.（幸運を祈っている）と言って幸運を祈ると、舞台に上がる演技者には縁起が悪いと考えて、その代わりに May you break a leg.（足が折れることを祈る）を使うようになったと言われています。「足を折れ」というのは、いかにも不吉なイメージですが、逆に「うまいこと演技できるように」という意味で使われるようになりました。

A: I'm off for my job interview now.
　　就職の面接に行ってくるよ。

B: **Break a leg!**　頑張って！

◆ **Knock on wood**　幸運を祈る

幸運を祈るときに使う表現です。樹木に霊魂が宿っていると信じ、木をたたくことで魔除けになると考えていたキリスト教以前の民間信仰が語源。

A: Hopefully I am over my cold now.
　　そろそろ風邪も直るころだと思う。

B: **Knock on wood.**
　　幸運を祈るよ。

If my investment goes well – **knock on wood** – we can hopefully buy a new house next month.
　もし私の投資がうまく行けば——幸運を信じて！——来月、新しい家を買えるよ。

◆ **Fingers crossed**　幸運を祈る、成功を祈る

この表現もやはり幸運を祈るときに使います。一種の迷信なのですが、十字架のような形に人さし指と中指を重ねて、幸運を祈ります。善意の嘘をつくときにもこのように指を十字に組みます。

A: Let's hope the traffic isn't too bad this O-bon.
　お盆のときに、渋滞がひどくないといいけどな。

B: **Fingers crossed.**
　神頼みってとこだね。

He promised me he wasn't lying, but he had his **fingers crossed**.
指をクロスさせながら、嘘はつかないと彼は言ってたよ。

◆ **Cross my heart**　（神にかけて）誓う

十字架と関連した表現で Cross my heart. があります。誓いをたてるときに使われる表現です。時々、指で胸に十字架を描きながら言ったりもします。

A: I'll be at the movie theater by 7.
　7時までには映画館に行くよ。

B: **Cross your heart?**
　誓って来る？

A: Okay, **cross my heart**.
　わかった、神かけて。

I swear I'm not telling a lie. **Cross my heart and hope to die**.
神に誓ってうそじゃないよ。うそだったら死んでもいい。

Three Words 52 — *Practice makes perfect*
練習することで完璧になる、習うより慣れろ

▶聴いてみる ▶意味を理解 ▶音読練習

A: It's useless. I'll never understand long division.
やっても無駄だ。長除法（割り算の筆算）なんて絶対に理解できないよ。

B: Try again. Practice makes perfect.
もう一度やってみて。繰り返してやれば、できるようになるから。

A: Why are you so good at speaking English?
どうしたらそんなに英語がうまくなれるの？

B: Practice makes perfect. I've been doing it for a long time.
習うより慣れろ、ね。ずっと練習を続けてるよ。

A: How can I improve my TOEIC score?
どうすれば、私のTOEICのスコアは上がるのかな？

B: Keep studying every day. Practice makes perfect.
毎日、勉強を続けなさい。とにかく勉強して慣れていくことです。

Pull yourself together!
しっかり(しろ)、気を取り直して

A: This job is driving me nuts! I can't take it anymore.
この仕事、気が狂いそうだ。もうこれ以上はできない。

B: Pull yourself together! Just relax.
気を取り直して！ リラックスしてみなさい。

A: I am always nervous when I see that pretty intern.
あの可愛い実習生を見ると、ドキドキしちゃうよ。

B: Pull yourself together! You have to be cool around women.
しっかりしなさい！ 女性のそばでは、平気な顔をしてなくちゃ。

A: Everything seems to be falling apart for me these days.
最近、何もかもがうまくいかないんだ。

B: You have to pull yourself together and control your emotions.
気を取り直して、自分の感情をコントロールしなければだめ。

54 Serves you right
いい気味だ、自業自得だ

A: I tried to cheat on my test, but I got caught.
テストでカンニングしようとして、見つかっちゃったの。

B: Serves you right!
自業自得だな！

A: I'm so ashamed. I got caught riding the subway without a ticket this morning.
恥ずかしいことしちゃった。今朝、切符を買わないで地下鉄に乗って、捕まったんです。

B: Serves you right. I've warned you about that many times.
それは当然の報いだな。何度も注意しておいたじゃない。

Did you hear about that famous baseball player who was busted for doping? It serves him right! He needs to be a responsible role model.
あの有名野球選手が薬物使用で捕まったの聞いた？ 自業自得よ。彼は、責任ある手本であるべきなんだから。

Shame on you
恥知らず、恥を知れ

▶聴いてみる ▶意味を理解 ▶音読練習

A: Where's the cake I left here?
ここに置いておいたケーキはどこ？

B: I ate it.
私が食べたよ。

A: Shame on you! That cake was for everyone.
恥知らず！あのケーキはみんなで食べるはずだったのに。

Shame on you for tricking us all!
私たちみんなをだますなんて、恥を知りなさい！

A: Did you finish the essay?
エッセイは書き終わった？

B: No, I got drunk instead.
いや、酔っぱらってた。

A: Shame on you, Chris! Our essay is due today! You've let us all down.
恥知らずね、クリス！ 私たちのエッセイのしめ切りは今日よ！ みんなを裏切ったのよ。

Three Words 56

So do I!
私だって！

▶聴いてみる ☐☐ ▶意味を理解 ☐☐ ▶音読練習 ☐☐

A: I love that drama show.　あのドラマ番組、大好き。

B: Me too!　私も！

A: I watch it every day.　毎日、観てるの。

B: So do I!　私も！

A: I love this CD.
この CD すごく好きなの。

B: So do I! It's one of the best records ever.
私も！ 今までで一番好きなアルバムの一つだ。

A: I hate modern pop groups.
今風のポップグループは好きじゃないな。

B: So do I, they all sound the same.
私も、みんな同じように聞こえるからね。

not または don't（do not の縮約形）のような否定の文章に答える場合は、Neither do I.（私もそうだ）になります。

A: **I don't understand what the teacher is talking about.**
先生がしゃべっている話が理解できないよ。

B: ***Neither do I.***
私も。

Stay/Keep in touch
連絡を取り合う

▶聴いてみる ▶意味を理解 ▶音読練習

A: I have to go now, but I will call you later.
今すぐ行かなきゃならないから、後で電話するわ。

B: Okay, keep in touch.
わかった、連絡を取り合おう。

・・

A: Please don't forget about me when I leave.
ここを離れても私のこと忘れないでね。

B: Don't worry, we can stay in touch through email.
心配しないで、eメールで連絡を取り合えばいいよ。

・・

Even though you're moving to a new company, let's keep in touch as friends.
別の会社に移っても、友だちとして連絡を取り合おうよ。

in touch with のあとに人ではなく事物がくると、「それと密接に関連している」、それについてよく知っているという意味になります。

- **That designer is always *in touch with* current trends.**
  そのデザイナーはいつも流行には敏感だ。
- **Shinji Koizumi seems to be *in touch with* what young people want.**
  小泉進次は、若い子たちが何が好きかをよく知っているみたいです。
- **The company's new advertising campaign is *out of touch with* consumers.**
  会社の新しい広告キャンペーンは、顧客のことがよく分かってないな。

Step on it / Floor it / Gun it
スピードを出して（アクセルを踏んで）、急ぐ、突進して

▶聴いてみる ☐☐   ▶意味を理解 ☐☐   ▶音読練習 ☐☐

A: Ah, we have to be at the airport in 10 minutes.
ああ、あと10分で空港に到着しないといけない。

B: Step on it!
アクセルをもっと踏んで！

・・

Floor it, man! I don't want to miss the start of the concert.
急いでよ！ コンサートのはじめを見逃したくないよ。

・・

A: Oh no, the light is about to turn red.
ああだめ、信号が赤に変わりそう。

B: Don't worry, just gun it!
気にしないで、突進するんだ！

これらの表現はすべて車のアクセルを踏んでスピードを出せという意味です。似た表現に put the pedal to the metal（アクセルが金属になるまで踏め＝思い切り速度を上げる）というユーモラスな表現もあります。

There's no speed limit here. Just *put the pedal to the metal*!
ここは速度制限がないから、思いっきり飛ばしてよ！

Take a break
ちょっと休んで、休憩する

▶聴いてみる ☐☐ ▶意味を理解 ☐☐ ▶音読練習 ☐☐

A: I'm so exhausted!
めちゃくちゃ疲れた！

B: Take a break. You can try again later.
ちょっと休みましょう。また少ししてからやってみましょうよ。

・・

A: Let's take a break and catch our breath.
ひと休みして、息を整えよう。

B: OK, we'll break for 5 minutes.
そうね、5分の休憩をとりましょう。

・・

I'm going to take a break from studying and travel to South America.
勉強をちょっと中断して、南アメリカに旅に出ようと思ってるんだ。

この表現に形容詞を付け足すと、具体的にどんな種類の休憩を言っているのかを表すことができます。

- **Let's take a <u>10-minute</u> break.**　　10分休みましょう。
- **Let's take a <u>quick</u> break for coffee.**　　コーヒー飲んで、ちょっと一休みしましょう。
- **I need to visit a phone store when we take our <u>lunch</u> break.**
  お昼休みに、電話をあつかっている店に行かないといけないんです。

Three Words 60: *Take it easy*
気分を楽にして、無理しないで、気楽に行こう

A: Come on, we have to hurry to see all the famous sights.
急ごうよ。名所を全部見るには急がないとダメだよ。

B: Take it easy! We're on vacation.
気楽に行きましょうよ。休暇中なんだから。

A: I hate that guy!
あの人は本当に嫌いだ！

B: Take it easy, or you will regret it later.
まぁまぁ抑えて、じゃないと後で後悔するわよ。

I can't take it easy and relax until I've finished all this work.
この仕事が終わるまでは、ゆっくりリラックスできないな。

Exercise

You'd better *take it easy* with that beer, or you're going to get sick.
ビールでも飲んでゆっくりした方がいいよ、じゃないと病気になるよ。

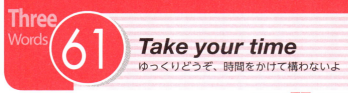

Take your time
ゆっくりどうぞ、時間をかけて構わないよ

▶聴いてみる ☐☐　▶意味を理解 ☐☐　▶音読練習 ☐☐

A: It will take another 30 minutes for me to finish your haircut.
ヘアカットにあと30分ぐらいかかります。

B: Ok, take your time.
いいですよ、ごゆっくり。

・・

A: I'm so stressed out because of this report.
この報告書を書くのが苦痛だよ。

B: Take your time. You don't have to hurry.
じっくりやればいいよ。急ぐ必要ないんだから。

・・

A: If you wait a few minutes, I can book your airline ticket for you.
もう少しお待ちいただければ、航空券の予約ができます。

B: Thanks. Take your time, I'm not in a hurry.
ありがとう。ゆっくりやってください、私は急いでいませんから。

Exercise

A: **Take your time when you clean my car, especially the windows.**
十分に時間をとって車の洗浄をお願いしますよ、とくに窓はね。

B: **Ok sir, I'll do a good job.**
承知しました、しっかり洗浄します。

Three Words 62

That's no excuse
それは言い訳にならない

▶聴いてみる ▶意味を理解 ▶音読練習

A: Teacher, I started doing my homework, but then I fell asleep.
先生、宿題を始めようとすると眠くなるんです。

B: That's no excuse.
それは言い訳にはならないよ。

A: I want to exercise but I don't have time.
運動はしたいんですが、時間がないんです。

B: That's no excuse. A lot of people have tight schedules, but they still find the time.
それは言い訳にならないよ。多くの人が予定はぎっしり詰まっていても、時間を見つけているんだから。

Your computer has a spell check function, but that's no excuse for being careless with your spelling.
コンピュータにはスペルチェックの機能がついてるけど、でもそれは自分でスペルをチェックしなくていいということにはならないよ。

63 That's the spirit
そうこなくっちゃ！ その調子です

A: I want to start a new volunteering club at my university.
大学で、新たにボランティアのクラブを始めたいんです。

B: That's the spirit!
その意気だ！

A: Even though I've been losing money, I'm going to keep my café open. I think sales will improve eventually.
まだ赤字経営だけど、喫茶店は続けようと思っています。少しずつ売上げも上がってくると思うし。

B: That's the spirit! Never give up.
その調子！ あきらめないで。

A: Coach, I want to stay after practice to work on my shooting.
シュートの練習をしたいので、練習の後も残っていいですか、コーチ。

B: Good. That's exactly the kind of spirit we need on this team.
いいぞ。その意気込みが、我々のチームに必要なんだ。

Three Words 64: Think it over / Think about it

よく考えてみてください、考え直してみてください

A: Would you like to join our band?
私たちのバンドに入ってくれない？

B: Can I **think it over**?
よく考えてもいい？

A: Sure, take a few days to sleep on it.
もちろんさ、数日じっくり考えてみてよ。

I can't make a decision now. I need some time to **think about it**.
今は決められない。よく考えてみる時間が欲しいな。

Here's my proposal. **Think it over** and give me your answer as soon as possible.
これが私のプロポーザルです。よく考えてみて、できるだけ早くお答えをいただけますか。

Exercise

A: I think that girl is interested in you.
あの子、あなたに興味があるみたいだね。

B: Really?
マジ？

A: *Think about it*… why would she keep sitting next to you in class when there are lots of empty seats?
考えてみてよ、空いている席はいっぱいあるのに、いつだって教室であなたの隣に座るでしょう？

Time will tell
時間が経てば分かるさ

A: Do you think their relationship will last?
彼らの関係はずっと続くと思う？

B: Time will tell.
時間が経てば分かるよ。

Only time will tell if this new business will prosper.
この新規事業がうまくいくかどうかは、時間だけが教えてくれますよ。

A: What are you going to do after university?
大学卒業したらどうするんですか？

B: I never think about my future, only time will tell.
将来のことはあまり考えたことがないんですが、時間が経てば分かるでしょう。

Useful Expressions

What a + 名詞

〈What a +名詞〉の形でいろいろな表現をつくることができます。

◆ What a surprise!　驚きだ！ 何とまぁ！

　A: Alice! Is that you?　アリス！ 君なのか？

　B: Greg, what a surprise! I haven't seen you in ages.
　　グレッグ、驚いたでしょ！ 何年も会ってなかったものね。

◆ What a coincidence!　何という偶然なんでしょう！ 奇遇ですね。

　A: I ran into Alice the other day …
　　この間、偶然にアリスに会ったよ…

　B: What a coincidence! I was just thinking about her.
　　奇遇ですね！ ちょうどアリスのことを考えていたところなんだ。

◆ What an idiot / a fool / a jackass / a jerk!
ばかみたい / 馬鹿な / まぬけ / ばか！

　A: I'm so embarrassed. Last night my boyfriend got drunk and ruined my birthday party.
　　すごく恥ずかしい。だって昨晩の私の誕生日パーティーで、彼が酔っぱらって、メチャクチャにしたのよ。

　B: What an idiot!
　　バカみたい！

A: My boss is always making inappropriate comments and looking at my legs.
私の上司はいつも不適切なことばっかり言って、私の足を見てるの。

B: **What a jackass!** You should report him to a superior.
ばっかみたい！　その上司のさらに上の人に報告しなさいよ。

I accused my friend of stealing money from me, but then later I found it in my wallet. **What a fool** I've been!
友だちにお金を盗んだでしょって、責め立てたら、後で自分の財布に入っていたのを見つけたの。私ってなんてバカなのかしら！

A: I heard that Jack has been cheating on his wife for years.
ジャックが何年も浮気してたって聞いたわよ。

B: **What a jerk!**
へっ、なんて嫌なやつだ！

◆ **What a shame!**　　それはひどい、残念ですね！

A: I had planned to go camping with my kids, but it rained all weekend.
子どもとキャンプに行くつもりなんだけど、週末はずっと雨みたいだ。

B: **What a shame!**
それは残念だな！

◆ What a dilemma!　どうしたものかなぁ、困ったなぁ！

A: I accidentally asked two women out on the same night. Now I have to cancel with one of them.
うっかり、一晩に 2 人の女性を誘っちゃったよ。一人をキャンセルしなきゃいけないんだ。

B: What a dilemma!
困ったことだなぁ！

◆ What a disaster!　最悪だ！

A: I had invited 20 managers to the seminar, but only 4 people showed up.
セミナーに 20 名のマネージャーを招待したんだけど、来たのは 4 人だけだった。

B: What a disaster!
それは最悪だ！

◆ What a + adjective + noun　〈What a+形容詞+名詞〉

A: Ryota told me he'll dump me unless I agree to let him see other women on the side.
亮太が、他の女性ともデートすることを認めないのなら、私とは別れるって言うの。

B: What a horrible thing to say!
そんなひどいこと、よく言えるな！

Wait for me
待ってください

▶聴いてみる ▶意味を理解 ▶音読練習

A: We need to hurry up and catch the bus.
急がないとバスに乗り遅れるよ。

B: Wait for me!
待って！

Wait for me, I can't run as fast as you!
待ってよ、君みたいに速く走れないよ！

A: Is everyone finished with the math problem?
数学の問題はみんな終わった？

B: Wait for me, I'm still working on it.
待ってください、まだ解いている最中です。

Exercise

I might be late for dinner tonight. If I'm not there by the time the guests arrive, *don't wait for me*. Just start without me.
夕食に遅れるかもしれません。もしさきにお客さんがいらしたら、私のことは待たないで、始めていてください。

67. What a relief! / That's a relief!
ああ良かった！　ホッとしました

A: Your ankle isn't broken, just sprained.
足首は折れていませんよ、ただのねん挫ですね。

B: **What a relief!**
ああ、ホッとした！

A: The government gave you a tax refund.
政府からの税金還付がありました。

B: **That's a huge relief.** I'm low on cash this month.
ああ良かった。今月、お金がなくってさ。

A: 6 o'clock. Time to go home!
６時です。帰宅の時間です！

B: **What a relief!** This work is killing me!
ああ、よかった！　この仕事は耐えられないわ！

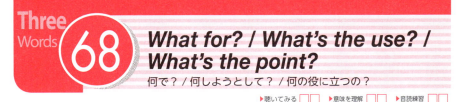

What for? / What's the use? / What's the point?

何で？ / 何しようとして？ / 何の役に立つの？

▶聴いてみる ▶意味を理解 ▶音読練習

A: I bought a new phone.
新しく携帯電話を買ったんです。

B: What for?　何で？

A: This one has a lot of new features that the old model doesn't have.
古いモデルにはなかった新しい機能がたくさんついていたからよ。

A: You have to clean your room.
部屋を掃除しなさい。

B: What's the use? It will just get dirty again.
何のために？　どうせまた汚れるのに。

What's the use of complaining about the weather when you know you can't change it?
変えられるわけでもないのに、天気のことで文句を言って、何になるんだ？

A: Our company wants to install 5 new vending machines in the lobby.
会社は、ロビーにあらたに5台の自動販売機を入れようとしてるんだって。

B: What's the point? Nobody uses the ones we already have.
なんで？　今あるのも誰も使ってないのに。

どの表現も、本質的には Why?（なぜ？）とたずねています。

Three Words 69

Whatever you say / Whatever you want

仰せの通りに、どうでもいいよ / どうぞお好きに

▶聴いてみる ▶意味を理解 ▶音読練習

A: I don't want to walk up all those stairs. Let's take the elevator.
そんなに階段を上りたくないわ。エレベーターを使いましょうよ。

B: Okay, whatever you want.
わかった、お好きなように。

・・

A: I think we should have a baby.
子どもを作ったほうがいいと思っているの。

B: Sure, whatever you say.
そう、言う通りにするよ。

A: Please, be more serious! This is an important decision.
もっと真剣になってよ。これは重大な決心なんだから。

・・

A: I'm considering getting plastic surgery on my nose. I think it will make me look prettier.
鼻の整形手術を受けようかと思っているの。そうすればもっと可愛くなれると思って。

B: Hmm, whatever you say. It's your body.
ふううん、好きなようにしたら。君の体なんだから。

この表現は他人に責任を転嫁するときによく使われます。すでに紹介した Whatever とは対照的に、肯定的に返事するとき（1つ目、2つ目のダイアログ）にも使え、多少の無関心さを示すとき（3つ目のダイアログ）にも使えます。いずれにしても、Whatever は常に無関心を示すときに使われます。

What's going on?
どうなっているの？ / どうしたの？

▶聴いてみる ▶意味を理解 ▶音読練習

A: What's going on?
何があったの？

B: I think there's been a traffic accident.
交通事故みたいだ。

・・・

A: What's going on with our merger?
合併の話はどうなってるの？

B: I don't know. No one has told me anything about what's going on.
分かりません。どうなっているのか、誰も私には教えてくれないんです。

・・・

A: Why did our boss say that he wanted to cut our salaries?
社長はどうして私たちの給料をカットしたいなんて言ったのかしら？

B: I have no idea what's going on in his mind when he says things like that.
あんなことを言ったときに、社長が何を考えていたのかまったく分からないよ。

Exercise

A: *What's happening* over there?
そこで何をやってるんですか？

B: They're getting ready for the Mardi Gras parade.
マルディグラ祭りのパレードの準備をしてます。

Three Words 71

What's the matter?
何ですか？ どうしたの？

▶聴いてみる ▶意味を理解 ▶音読練習

A: **What's the matter?**
どうしたんですか？

B: I am sad because my favorite TV drama has been canceled.
観たかったテレビ番組がキャンセルになってがっかりなの。

What's the matter with Steve? He seems really anxious these days.
スティーブはどうしたの？ 最近、ずっと心配顔だけど。

A: Oh no!
弱ったな！

B: **What's the matter?**
どうしたの？

A: I forgot to pick up the kids from daycare.
託児所に子どもたちを迎えに行くの忘れてた。

Exercise

What's wrong?　何ですか？何が問題なの？

Way to go
よくやった / その調子だ / いいぞ！

▶聴いてみる ▶意味を理解 ▶音読練習

A: Our charity raised 160,000 dollars this week.
今週、私たちの慈善事業では、16万ドルの寄付を募りました。

B: Way to go!
それはすばらしい！

A: I just finalized the marketing deal I've been working on.
ずっと進めてきた取引を成立させました。

B: Way to go! That should give our company a huge boost.
よくやった！ この取引は、会社の大きな原動力になるぞ。

A: I can't believe Dan accidentally deleted the document we wrote.
私たちが書いた書類を、ダンがうっかり消してしまったなんて信じられない。

B: Yeah, way to go, Dan. Now we'll have to start from scratch.
よくやってくれたよ、ダン。またゼロからやり直しだ。

Exercise

Good job! / Good Work! / Well done!　よくやった！

73 You got it / I got it
その通り、はい承知しました

A: Can you deliver this package on Monday morning?
月曜日の朝にこの荷物を配達してくれる？

B: You got it. Just ask and we'll deliver.
わかりました。言っていただければ、配達しますよ。

A: Remember, my plane lands at terminal 2.
飛行機が到着するのはターミナル2だからね、覚えておいて。

B: I got it.
分かってますよ。

A: Listen, I don't want any more salesmen barging into my office, you got that?
悪いが、二度と私のオフィスにセールスマンを入れないようにしてもらえるかな？

B: OK, I got it! It won't happen again.
はい、分かりました！ 二度としません。

I / You got it. はカジュアルに気楽に使える表現ですが、実は文法的に正しくありません。I've / You've got it. と言えば、文法的に正しいのですが、多くの人たちが I / You got it. と言うので、正式な英語表現として受け入れられつつあるのでしょう。

I've got it
分かった、あっそうか

▶聴いてみる ☐☐ ▶意味を理解 ☐☐ ▶音読練習 ☐☐

A: Stay here until I come back. Do you understand?
私が戻るまでここにいなさいよ？　分かってる？

B: Sure Mom, I've got it.
はい、ママ。分かったよ。

・・・

A: Can you help me with this e-mail?
eメールのことで助けてくれる？

B: Sure, just copy and paste the address, and then send the e-mail.
もちろん、ただアドレスをコピーしてペーストしたら、eメールを送信するんだ。

A: Ah! I've got it! Thanks for your help.
ああ、分かったよ。教えてくれてありがとう。

・・・

A: How will we get this piano up the stairs?
どうやってこのピアノを上にあげるの？

B: I've got it! Let's try to push it through the window.
ひらめいた！　窓から押して入れてみよう。

+PLUS

1つ目と2つ目のダイアログでは、「どういう意味かわかっている」という意味のI'm with you.またはI follow you.のような文脈で使われています。3つ目のダイアログでは、ある問題についてアイデアや解決策を思いついたとき、「そうだ！　わかった！」というように感嘆詞として使われています。

Three Words 75

You owe me
（あなたは私に）貸しがある

A: Thank you so much for picking up my dry cleaning for me.
クリーニングを取ってきてくれてありがとう。

B: You owe me.
貸しができたな。

・・・

A: Who's going to pay for drinks tonight?
今晩の飲み代は誰が払うの？

B: You owe me from last time.
前回は私が払ったよ。

A: You're right; I owe you one. I guess it's on me tonight.
そうだった。借りがあったね。今晩は私は払います。

・・・

A: Could you pay for my ticket? I forgot to withdraw some money.
チケット代を出しておいてもらえませんか。現金をおろしてくるのを忘れちゃって。

B: No problem. You can owe me one.
いいですよ。貸しにしとくね。

You look great
すてきだ / かっこいい / 元気そう

A: Do I look fat in this dress?
このドレスを着ると太って見える？

B: No, you look great!
いいえ、すてきだよ！

You look great today. Did you do something new with your hair?
今日はすてきだけど、髪型、変えた？

You look great in those jeans, they suit you very well!
そのジーンズ、似合ってるね、すごくカッコいいよ！

Exercise

A: Did you know I am actually 45 years old?
実は私は45歳だってこと知ってる？

B: Really? I can't tell at all. *You look great* for your age.
本当に？ 全く気づかなかった。年齢より元気そうだ！

Vocabulary

A

a ~ percent discount	~%の割引き
acknowledge [əknáliʤ]	(真価を)認めている、~と認める
actually [ǽktʃuəli]	事実上、実際には
advertising campaign	宣伝キャンペーン
all talk and no action	口だけで行動しない
amazing [əméiziŋ]	驚くべき、すばらしい
ankle [ǽŋkl]	足首
anxious [ǽŋkʃəs]	不安に思う、心配している
application [ӕpləkéiʃən]	願書、申請書、申し込み書
appreciate [əprí:ʃièit]	~を感謝している、ありがたく思う
ashamed [əʃéimd]	評判が悪い、恥ずかしい
ask out	デートを申し込む
available [əvéiləbl]	利用可能な、体があいている

B

bald [bɔ:ld]	髪の薄い、はげた
barge into [bɑ:rʤ]	突き進む、押し入る
be attracted to [ətrǽktid]	~に魅了される
be busted [bÁstid]	捕まる、逮捕される
be injured [ínʤərd]	傷める、けがをする
be scared of [skɛərd]	~が怖い、怖くて~できない
blow one's nose [blou nouz]	鼻をかむ
board of directors [bɔ:rd, diréktər]	取締役会
bored [bɔ:rd]	退屈して、うんざりして
break [breik]	休憩
burp [bə:rp]	げっぷをする

C

CD	CD (compact disc)
change someone's tone [toun]	言い方(口調)を変える
charity [tʃǽrəti]	慈善団体、慈善事業
cheat [tʃi:t]	不正行為をする、あざむく
coincidence [kouínsidəns]	偶然の一致
come home with me	私と一緒に家に行く
comment [kÁment]	コメント、批評、意見
competition [kÀmpətíʃən]	大会
corrections [kərékʃənz]	訂正(すること)、修正、校正
co-star [kóustɑ:r]	共演者
crystal clear [krístəl kliər]	「水晶のように明確な」から、非常に明確な
current trend [kə́:rent trend]	現在の流行

Vocabulary

D

dare [dεər]	あえて〜する
daycare [déikeər]	保育所、託児所
decision [disíʒən]	決定、決心
desperate [déspərit]	切迫した、絶望的な
detail [ditéil]	詳細
die [dai]	死ぬ 現在分詞は dying
dilemma [dilémə]	ジレンマ、深刻な問題
dirt [də:rt]	ほこり、ゴミ
disturb [distə́:rb]	妨害する、混乱させる
division [divíʒən]	除法、割り算
do the laundry [lɔ́:ndri]	洗濯をする
dope [doup]	違法な薬物を服用する
driver's license	運転免許証
dump [dʌmp]	捨てる

E

emotion [imóuʃən]	感情
even though [í:vən ðou]	たとえ〜であっても
eventually [ivéntʃuəli]	最終的には
exhausted [igzɔ́:stid]	疲れ切った
explanation [èksplənéiʃən]	説明
external [ikstə́:rnəl]	外部の、外の

F

faith [feiθ]	信頼
fall [fɔ:l]	落ちる、倒れる
fall apart	崩れる、ばらばらになる
feature [fí:tʃər]	機能、特徴
finalize [fáinəlàiz]	仕上げる、決着を付ける
flat tire [flæt taiər]	パンクしたタイヤ
floor it [flɔ:r]	アクセルを踏む、速度を上げる
follow one's heart [ha:rt]	心の赴くままに
fully [fúli]	完全に

G

garbage [gá:rbidʒ]	ゴミ
get caught [kɔ:t]	巻き込まれる、捕まる
get divorced [divɔ́:rst]	離婚する
get the hang of [hæŋ]	〜するコツをつかむ
give something a boost [bu:st]	後押しをする
go to the hospital [háspitl]	入院する

Vocabulary

go traveling	旅行に行く
gonna	going to の口語表現
grateful [gréitfəl]	ありがたい、うれしく思う

H

hang in there [hæŋ]	(めげずに)頑張る
heal [hi:l]	治る、回復する
healthy [hélθi]	健康に良い
Heather [héðər]	ヘザー(花の名前)、本書では女性の名前
height [hait]	高いところ
hedge [heʤ]	曖昧な表現、ぼかした表現
hopefully [hóupfəli]	うまくいけば、願わくば
horrible [hɔ́(:)rəbl]	ひどい、恐ろしい
housebroken [háusbròukən]	(ペットが)トイレのしつけをされた
housework [háuswə̀:rk]	家事
hurry [hə́:ri]	急ぐ

I

immediately [imí:diətli]	すぐに
impatient [impéiʃənt]	気短な、我慢できない
in charge of [tʃɑ:rʤ]	～に責任を持つ、～係の
in the meantime [mí:ntàim]	その間に、それまでは
in the nick of time [nik]	ちょうどよく行く、折よく
inappropriate [ìnəpróupriət]	不適切な
insist [insíst]	言い張る、強調する
instead [instéd]	代わりに
insurance [inʃú(:)ərəns]	保険
investment [invéstmənt]	投資
invite [inváit]	招待する
It's on me.	私のおごりです

J-L

jackass [ʤǽkæs]	バカ、まぬけ
jerk [ʤə:rk]	愚か者、のろま
lady's man	女性好きな男性
last straw [læst strɔ:]	制限を超えると藁を乗せてもラクダの背骨が折れたという意味のことわざで「我慢の限界を超えていること」を意味する。
Let's shake on it. [[ʃeik]	(合意の意味で)握手しましょう

Vocabulary

M-O

make sense [sens]	理にかなってる、理解可能な
management job	管理職
match [mætʃ]	試合
math [mæθ]	数学 (mathematics の略)
matter [mǽtər]	重要である
mention [ménʃən]	言及する
merger [mə́:rdʒər]	合併
mess [mes]	めちゃくちゃ、乱雑
MIT	マサチューセッツ工科大学 (Massachusetts Institute of Technology)
Nah [na:]	No の口語表現
nervous [nə́:rvəs]	イライラする、緊張する
object [ábdʒikt]	物体、対象
organize [ɔ́:rgənàiz]	組織化する、管理する、企画する

P

package [pǽkidʒ]	小包、パッケージ
pagan [péigən]	異教徒の、不信心な
parents-in-law [péərənt-in-lɔ:]	義理の両親
performance [pərfɔ́:rməns]	公演、パフォーマンス
plastic surgery	整形手術
politician [pùlitíʃən]	政治家
politics [pálitiks]	政治
pool [pu:l]	ビリヤード
power company	電力会社
prefer [prifə́:r]	～をより好む
pregnant [prégnənt]	妊娠した
previously [prí:viəsli]	前もって、～前に
properly [prápərli]	正しく、きちんと
proposal [prəpóuzəl]	提案、プロポーザル
prosper [práspər]	栄える、繁盛する

Q-R

quit [kwit]	やめる、離れる
raise [reiz]	～を上げる、増やす、集める
raise a family	家族を支える
rather not [rǽðər]	むしろ～しない
reception [risépʃən]	受信状態
recession [riséʃən]	不況、景気後退
recover [rikʌ́vər]	回復、復活
refuse [rifjú:z]	拒絶する
regret [rigrét]	後悔する
relationship [riléiʃənʃip]	関係

Vocabulary

relief [rilíːf]	安心、安堵
repeat [ripíːt]	繰り返す
resemblance [rizémbləns]	似ている(もの、こと)
retirement home [ritáiərmənt houm]	介護施設
row [rou]	並び、(座席の)列
rude [rúːd]	失礼な、無作法な
rumor [rúːmər]	噂
rush [rʌʃ]	急ぐこと

S

sales [seilz]	販売部門
scholarship [skálərʃip]	奨学金
score a goal [skɔːr, goul]	ゴールを決める
screw-up [skrúːʌp]	ミスする、大失敗をする
seriously [síː(ː)əriəsli]	真剣に、本気で
shame on you [ʃeim]	恥を知れ、みっともない
shout [ʃaut]	大声を出す、叫ぶ
silly [síli]	愚かな、ばかな
sincere [sinsíər]	真剣な、正直な
slap [slæp]	頬を殴る
soap opera [soup ápərə]	連続ドラマ《主に主婦たちが見た連続ドラマは、石鹸会社が広告主であったことから》
specifically [spisífikəli]	特別に、とりわけ
spice [spais]	調味料、スパイス
spirit [spírit]	精神、気力、熱意
start from scratch	最初(ゼロ)から始める
station [stéiʃən]	駅
stick to [stik]	～にすがる、しがみつく、あきらめない
suggestion [səgʤéstʃən]	提案
superior [səpíəriər]	上位に、上級の
superstition [sùːpərstíʃən]	迷信
supportive [səpɔ́ːrtiv]	サポートしてくれる、助けてくれる
sushi [súːʃi]	寿司
swallow [swálou]	呑み込む

T

tablecloth [téiblklɔ̀(ː)θ]	テーブルクロス
talent [tǽlənt]	才能
talented [tǽləntid]	才能がある
terms of the merger [təːrm, məːrʤər]	合併条件
terrible [térəbl]	ひどい、
Thanksgiving [θæŋksgíviŋ]	感謝祭、サンクスギビング

Vocabulary

the one	前述の特定の事を指す言葉
the toughest of times [tʌf]	過酷な時
thought [θə:t]	think（考える）の過去、過去分詞形
through [θru:]	～を通して
tickle [tíkl]	くすぐる
tie the knot	結婚する(= get married)
TOEIC [tóuik]	TOEIC (= Testing of English for International Communication、米国の教育機関で外国人の英語力を測定するために開発した英語能力試験)
tough [tʌf]	難しい、辛い
traffic [trǽfik]	交通(状況)
treat [tri:t]	待遇する、対応する
trick [trik]	だます、ごまかす
trick shot	(ビリヤードなどの)トリックショット
turkey [tə́:rki]	七面鳥

U-Z

unfair [ʌnfɛ́ər]	不公平な
unhealthy [ʌnhélθi]	健康に良くない
unlikely [ʌnláikli]	ありそうもない
vacuum [vǽkjuəm]	掃除機をかける
vending machine	自動販売機
veracity [vərǽsəti]	真実、正確さ
volunteering [váləntíəriŋŋ]	ボランティア活動の
vs. [və́:rsəs]	「何対何」の「対」を意味する versus の略
weekend [wí:kènd]	週末
What a shame!	せっかくなのに！　残念です
withdraw [wiðdrɔ́:]	お金を引き出す
ATM	現金自動預け払い機(Automatic Teller Machine)
wonder if [wʌndər]	～かどうか気になる
Wow [wau]	(感嘆詞)うわー！　ああ！
wrap [ræp]	包む
zit [zit]	にきび

いちばんシンプルな英語の答え方

2015年3月7日　第1刷発行

著　者　　トーマス ＆ アンダース・フレデリクセン
発行者　　浦　晋亮
発行所　　IBCパブリッシング株式会社
　　　　　〒162-0804 東京都新宿区中里町29番3号 菱秀神楽坂ビル9F
　　　　　Tel. 03-3513-4511　Fax. 03-3513-4512
　　　　　www.ibcpub.co.jp

印刷所　　株式会社シナノパブリッシングプレス

© 2013 Thomas & Anders L. Frederiksen
© 2015 IBCパブリッシング
Printed in Japan

落丁本・乱丁本は、小社宛にお送りください。送料小社負担にてお取り替えいたします。
本書の無断複写（コピー）は著作権法上での例外を除き禁じられています。

ISBN978-4-7946-0330-2